B582 Biblioteca : conhecimentos e práticas / Organizadoras, Lizandra Brasil Estabel, Eliane Lourdes da Silva Moro. – Porto Alegre : Penso, 2014.
x, 179 p. : il. color. ; 25 cm.

ISBN 978-85-65848-83-1

1. Biblioteconomia. 2. Biblioteca. I. Estabel, Lizandra Brasil. II. Moro, Eliane Lourdes da Silva.

CDU 027

Catalogação na publicação: Ana Paula M. Magnus – CRB 10/2052

LIZANDRA BRASIL ESTABEL
ELIANE LOURDES DA SILVA MORO
(ORGANIZADORAS)

BIBLIOTECA

CONHECIMENTOS E PRÁTICAS

penso

2014

Gerente editorial: *Letícia Bispo de Lima*

Colaboraram nesta edição:
Editora: *Lívia Allgayer Freitag*

Capa e projeto gráfico: *Paola Manica*

Processamento pedagógico: *Sandra Chelmicki*

Leitura final: *Mônica Stefani*

Editoração: *Armazém Digital® Editoração Eletrônica – Roberto Carlos Moreira Vieira*

A série TEKNE engloba publicações voltadas à educação profissional e tecnológica.

Av. Jerônimo de Ornelas, 670 – Santana
90040-340 – Porto Alegre, RS
Fone: (51) 3027-7000 Fax: (51) 3027-7070

SÃO PAULO
Av. Embaixador Macedo Soares, 10.735 – Pavilhão 5
Cond. Espace Center – Vila Anastácio
05095-035 São Paulo SP
Fone: (11) 3665-1100 Fax: (11) 3667-1333

SAC 0800 703-3444 – www.grupoa.com.br

IMPRESSO NO BRASIL
PRINTED IN BRAZIL
Impresso sob demanda na Meta Brasil a pedido do Grupo A Educação.

Autores

Lizandra Brasil Estabel (Org.) – Doutora e Especialista em Informática na Educação pela Universidade Federal do Rio Grande do Sul (UFRGS). Bibliotecária. Coordenadora e Professora do curso de Biblioteconomia do Instituto Federal de Educação, Ciência e Tecnologia do Rio Grande do Sul (IFRS) – Câmpus Porto Alegre. Coordenadora de Educação a Distância do IFRS – Câmpus Porto Alegre. Membro do Comitê Gaúcho de Acessibilidade: Tecnologia e Informação (CGATI). Membro da Comissão Brasileira de Bibliotecas Escolares da Federação Brasileira de Associações de Bibliotecários, Cientistas da Informação e Instituições (FEBAB). Membro do grupo de pesquisa Leitura, Informação e Acessibilidade (LEIA), da UFRGS e do IFRS.

Eliane Lourdes da Silva Moro (Org.) – Doutora e Mestre em Educação pela UFRGS. Especialista em Informática na Educação pela UFRGS. Bibliotecária. Licenciada em Letras. Professora Adjunta do curso de Biblioteconomia do Departamento de Ciências da Informação da Faculdade de Biblioteconomia e Comunicação da UFRGS (DCI/FABICO/UFRGS). Conselheira Federal do Conselho Federal de Biblioteconomia (CFB). Coordenadora da Comissão de Bibliotecas Escolares e Públicas do CFB. Coordenadora da Comissão de Extensão (COMEX) da FABICO/UFRGS. Membro do CGATI. Membro do grupo de pesquisa LEIA, da UFRGS e do IFRS.

Ângela Flach – Mestre em História pela Pontifícia Universidade Católica do Rio Grande do Sul (PUCRS). Historiadora. Professora do IFRS – Câmpus Porto Alegre.

Ariel Behr – Mestre em Administração pelo Programa de Pós-graduação em Administração da Escola de Administração da UFRGS (PPGA/EA/UFRGS). Especialista em Educação a Distância: Gestão e Tutoria pelo Centro Universitário Leonardo da Vinci (UNIASSELVI). Bacharel em Ciências Contábeis pela UFRGS. Professor Assistente do curso de Ciências Contábeis da UFRGS. Membro dos grupos de pesquisa LEIA, da UFRGS e do IFRS, e Gestão do Impacto da Adoção de Novas Tecnologias de Informação (GIANTI), da UFRGS.

Clarice Monteiro Escott – Doutora e Mestre em Educação pela UFRGS. Professora e Pró-reitora Adjunta do IFRS.

Filipe Xerxeneski da Silveira – Bibliotecário. Coordenador da biblioteca do IFRS – Câmpus Porto Alegre.

Ismael Maynard Bernini – Bibliotecário e técnico em Biblioteconomia.

Kátia Soares Coutinho – Mestre em Educação e Especialista em Bibliotecas Escolares e Acessibilidade pela UFRGS. Bibliotecária da Escola Estadual Técnica em Saúde do Hospital de Clínicas de Porto Alegre (HCPA).

Magali Lippert da Silva – Doutora em Estudos Literários e Mestre em Comunicação e Informação pela UFRGS. Bibliotecária. Professora do IFRS – Câmpus Porto Alegre.

Maria Cristina Caminha de Castilhos França – Doutora e Mestre em Antropologia Social pela UFRGS. Socióloga. Pesquisadora e Diretora de Pesquisa e Inovação do IFRS. Professora do IFRS – Câmpus Porto Alegre. Membro do grupo de pesquisa LEIA, da UFRGS e do IFRS.

Maria do Rocio F. Teixeira – Doutora em Educação em Ciências e Mestre em Administração pela UFRGS. Especialista em Administração de Bibliotecas pela Universidade de Brasília (UnB). Bibliotecária. Professora Adjunta do curso de Biblioteconomia do DCI/FABICO/UFRGS. Chefe do Departamento de Ciências da Informação (DCI/FABICO/UFRGS). Membro do grupo de pesquisa LEIA, da UFRGS e do IFRS.

Valdir José Morigi – Doutor em Sociologia pela Universidade de São Paulo (USP). Mestre em Sociologia Rural pela UFRGS. Sociólogo. Bibliotecário. Professor Associado do Departamento de Ciências da Informação e do Programa de Pós-graduação em Comunicação e Informação da UFRGS. Membro do grupo de pesquisa LEIA, da UFRGS e do IFRS.

William Jerônimo Gontijo Silva – MBA em Gerência de Projetos pela Escola de Administração e Negócios (ESAD). Especialista em Gestão em Arquivos pela Universidade Federal de Santa Maria (UFSM). Arquivista. Professor do IFRS – Câmpus Porto Alegre.

Apresentação

O Instituto Federal de Educação, Ciência e Tecnologia do Rio Grande do Sul (IFRS), em parceria com as editoras do Grupo A Educação, apresenta mais um livro dos muitos que estão sendo especialmente desenvolvidos para atender aos **eixos tecnológicos definidos pelo Ministério da Educação**, os quais estruturam a educação profissional e tecnológica no Brasil.

A **Série Tekne,** projeto do Grupo A para esses segmentos de ensino, se inscreve em um cenário privilegiado, no qual as políticas nacionais para a educação profissional e tecnológica estão sendo valorizadas, tendo em vista a ênfase na educação científica e humanística articulada às situações concretas das novas expressões produtivas locais e regionais, as quais demandam a criação de novos espaços e ferramentas culturais, sociais e educacionais.

O Grupo A, assim, alia sua experiência e seu amplo reconhecimento no mercado editorial à qualidade de ensino, pesquisa e extensão de uma instituição pública federal voltada ao desenvolvimento da ciência, inovação, tecnologia e cultura. O conjunto de obras que compõe a coleção produzida em **parceria com o IFRS** é parte de uma proposta de apoio educacional que busca ir além da compreensão da educação profissional e tecnológica como instrumentalizadora de pessoas para ocupações determinadas pelo mercado. O fundamento que permeia a construção de cada livro tem como princípio a noção de uma educação científica, investigativa e analítica, contextualizada em situações reais do mundo do trabalho.

Cada obra desta coleção apresenta capítulos desenvolvidos por professores e pesquisadores do IFRS cujo conhecimento científico e experiência docente vêm contribuir para uma formação profissional mais abrangente e flexível. Os resultados desse trabalho representam, portanto, um valioso apoio didático para os docentes da educação técnica e tecnológica, uma vez que a coleção foi construída com base em **linguagem pedagógica e projeto gráfico inovadores**. Por sua vez, os estudantes terão a oportunidade de interagir de forma dinâmica com textos que possibilitarão a compreensão teórico-científica e sua relação com a prática laboral.

Por fim, destacamos que a Série Tekne representa uma nova possibilidade de sistematização e produção do conhecimento nos espaços educativos, que contribuirá de forma decisiva para a supressão da lacuna do campo editorial na área específica da educação profissional e tecnológica. Trata-se, portanto, do começo de um caminho que pretende levar à criação de infinitas possibilidades de formação profissional crítica com vistas aos avanços necessários às relações educacionais e de trabalho.

Clarice Monteiro Escott
Maria Cristina Caminha de Castilhos França
Coordenadoras da coleção Tekne/IFRS

Sumário

» capítulo 1
Documentos e o livro: tipologia e estrutura 1
A sociedade do conhecimento 2
Tipos de documentos em uma biblioteca 2
O livro: partes do livro 7
Parte externa 7
Parte interna 9
Outros elementos 12

» capítulo 2
Tratamento do livro: seleção, aquisição e organização do acervo da biblioteca 14
O acervo na constituição da biblioteca 15
O processo de seleção e de descarte de acervo em biblioteca 16
A seleção do acervo 16
O descarte 18
O processo de aquisição como constituição do acervo da biblioteca 19
Aquisição por compra 19
Aquisição por doação 20
Aquisição por permuta 20
Registro, preparo para empréstimo e circulação do livro 21
Recebimento do documento 22
Verificação física 22
Procedimentos com carimbos de registro e de propriedade ou identificação 23
Carimbo de registro 23
Carimbo de propriedade ou identificação 24
Processamento técnico do livro 26
Sistema Decimal de Dewey 27
Sistema Decimal Universal 29
Tabela de Notação de Autor 30
Codificação cromática 32
Registro do acervo 35
Elaboração da lombada 36

» capítulo 3
Conservação preventiva: uma política necessária em bibliotecas 42
Aspectos fundamentais da conservação preventiva dos acervos bibliográficos 44
Fatores ambientais 44
Iluminação 45
Qualidade do ar 45
Temperatura e umidade relativa 46
Agentes biológicos 47
Fungos 47
Roedores 47
Insetos 48
Ação do homem 49
Manuseio incorreto 49
Acondicionamento inadequado 50
Furto e vandalismo 50
Emergências em bibliotecas 51
Rotinas de higienização em acervos 54

» capítulo 4
Gestão em bibliotecas 57
A gestão na formação do profissional 59
Qualidade em serviços de informação 60
Fluxo da gestão direcionada pela estratégia 62
Fluxo da gestão aplicado 64
Ferramentas da qualidade aplicadas na biblioteca 66
Benchmarking e indicadores de desempenho para bibliotecas 70
LibEcon 71
Equinox 71
Sensemaking e melhoria contínua 72
Considerações finais 74

» capítulo 5
Marketing em bibliotecas 77
Pressupostos centrais do marketing 78
Conceito de marketing 79
Composto de marketing 80
A nova visão do marketing 82

Marketing em organizações que não visam lucro 82
Marketing em bibliotecas 83
Aplicação do marketing em bibliotecas 87
Controle e avaliação 92
Plano de marketing 93
Levantamento das informações 93
Lista de problemas e oportunidades 93
Determinação dos objetivos 93
Desenvolvimento da estratégia 93
Determinação do orçamento 93
Projeção de vendas e lucro 93

» capítulo 6
Literatura aplicada à Biblioteconomia 97
Gêneros e subgêneros literários 98
Épico 99
Romance 99
Conto 99
Novela 100
Lírico 100
Dramático 101
Crônica 102
Movimentos literários 103
A leitura dos clássicos 106
A literatura infantil e juvenil 111

» capítulo 7
Memória e informação 113
Memória individual, coletiva, compartilhada e social 115
Lugares, memórias e relações sociais 117
A informação 119
Implicações contemporâneas: a memória e a informação 121

» capítulo 8
Tecnologias de Informação e de Comunicação e os recursos da *web* na biblioteca 124
Editores de texto virtuais: a escrita na *web* 125
Buscadores 126
Redes sociais 129
Blog 130
Facebook 130
Glogster 130
Instagram 131
LinkedIn 131
Pinterest 131
Prezi 131
Skoob 131
Twitter 131
Fontes de informação na *web* 132
Software para automação de bibliotecas 134

» capítulo 9
O ambiente de aprendizagem na biblioteca: interação e comunicação 139
A Psicologia e a Educação: relações e contribuições 140
Desenvolvimento e história pessoal de aprendizagens 140
A teoria de Piaget e o desenvolvimento humano 141
Mudanças no desenvolvimento humano e relações com a atuação do profissional em Biblioteconomia 143
Estágio sensório-motor 143
Estágio pré-operatório 145
Estágio operatório-concreto 147
Estágio do pensamento formal 148
Considerações finais 149

» capítulo 10
Mudanças tecnológicas e práticas: tensões nas representações dos profissionais da Biblioteconomia 151
Representações coletivas e sociais 152
O ambiente das bibliotecas e as representações 156
Mudanças tecnológicas e tensões nas representações: um estudo de caso 157
Consequências da transição do analógico para o digital 160

» capítulo 11
A evolução do tratamento da informação orgânica: uma reflexão à luz da arquivística moderna 163
O surgimento do papel e a explosão informacional 164
A gestão de documentos e as funções arquivísticas 166
Criação e produção 168
Classificação 169
Avaliação 171
Aquisição 171
Preservação e conservação 172
Descrição 172
Guia 173
Inventário 174
Catálogos e índices 174
Difusão e acesso 174
O papel das Tecnologias da Informação na Modernidade 175
O uso do papel e a burocracia 176

Eliane Lourdes da Silva Moro
Lizandra Brasil Estabel

capítulo 1

Documentos e o livro

Tipologia e estrutura

Neste capítulo, você conhecerá, com detalhes, a tipologia e a estrutura de documentos e livros. Teremos uma reflexão inicial acerca da importância de uma transmissão ideal de informações na sociedade do conhecimento. Os tipos de documentos serão listados e definidos de forma didática, bem como o livro e todas as suas partes estruturais.

Objetivos deste capítulo

- Compreender a importância da transmissão da informação.
- Conhecer os tipos de documentos de uma biblioteca.
- Depreender a estrutura do livro.

A sociedade do conhecimento

No contexto atual da segunda década do século XXI, vivencia-se a **sociedade do conhecimento** em um processo que caracteriza a informação, o conhecimento e a aprendizagem como uma nova estrutura em todas as instâncias de organização das empresas, das instituições e do conjunto da sociedade, tendo como enfoque o cidadão e o **acesso à informação** para todos.

» **DEFINIÇÃO**
Na sociedade do conhecimento, a interação se torna colaborativa e cooperativa na relação participativa "homem X máquina X homem". As pessoas, com novas formas de ação e inter-relação, que resultam na comunicação e na interação, atingem produtores e usuários no espaço democrático da *web* que possibilita o acesso e o uso da informação, novas aprendizagens e a inclusão de todas as pessoas nos mais diferentes ciclos do desenvolvimento humano. (MORO, 2011).

Neste novo milênio, do impulso da inovação e da gestão do conhecimento, o valor do capital humano é expresso pela sua capacidade de aprender e, neste contexto, Tarapanoff e Ferreira (2003, p. 101) definem a sociedade da informação e do conhecimento como "[...] uma nova sociedade que surge, com nova estrutura, novos canais de comunicação, novas formas de atuação e de trabalho [...]", enquanto Santos (2005) caracteriza a sociedade do conhecimento calcada na esperança de uma nova harmonia social, no alargamento e na generalização do acesso à educação e formação ao longo da vida e nas medidas que visam a reduzir as desigualdades pelo acesso ao conhecimento.

Moro e Estabel (2004) acreditam que os efeitos do uso da **informação compartilhada** entre os educadores, os bibliotecários e os alunos podem encaminhar para uma **rede integrada de comunicação**, permitindo o estabelecimento de novas relações entre esses elementos (inter-relação de pessoas) e destes com a comunidade.

Para que essa informação seja transmitida, independentemente do tempo e do espaço, é necessário que alguém, que possua determinado conhecimento, a registre, tornando-a acessível para outras pessoas. Esses registros abarcam inúmeros suportes físicos, desde as tabuinhas de argila da Mesopotâmia aos recursos digitais na internet. Esses conhecimentos registrados são as ferramentas e o suporte da informação para o profissional que atua na biblioteca.

Tipos de documentos em uma biblioteca

Uma biblioteca comporta um acervo documental que fornece dados e informações, existindo, por isso, uma grande variedade de documentos.

Os documentos diferenciam-se por duas características:

1. **Físicas:** material, natureza dos símbolos utilizados, tamanho, peso, apresentação, forma de produção, consulta direta ou com suporte, periodicidade, entre outros.

2. **Intelectuais:** objetivo, grau de elaboração, conteúdo, assunto, tipo de autor, fonte, forma de disseminação, acessibilidade, originalidade, entre outros.

Guinchat e Menou (1994) definem os principais tipos de documentos de uma unidade de informação (Quadro 1.1), os quais são apresentados para auxiliar na identificação, no tratamento, na organização, assim como em todas as atividades de acesso, uso e produção da informação em uma biblioteca ou centro de documentação.

» DEFINIÇÃO
O bibliotecário e o técnico em Biblioteconomia devem conhecer as características dos documentos, identificar a categoria ou os tipos de documentos para ter a competência de selecionar, tratar, organizar, disponibilizar e utilizar convenientemente cada um deles.

Quadro 1.1 » **Tipos de documentos**

Atas	Relatórios das comunicações científicas apresentadas a um congresso.
Almanaque	Anuários ou publicações baseados em um calendário.
Anais	Obra que apresenta acontecimentos em ordem cronológica anual ou títulos de revistas, recensões periódicas e fatos.
Anuário	Antologia que apresenta informações que variam de um ano a outro, publicada na periodicidade ano a ano.
Arquivos	Conjunto de documentos, contendo datas de publicação, forma e suporte material diversificado, elaborados e recebidos por um órgão público ou privado, em função de sua atividade, organizados e conservados permanentemente em função de uma determinada atividade.
Atlas	Coletânea de mapas geográficos, quadros ou planos.
Boletim de resumos	Publicação periódica formada por uma série de títulos com resumos e geralmente apresentada por assunto.
Boletim de informação (*newsletter*)	Determinadas publicações periódicas que difundem as atividades de uma associação ou de uma administração.
Coleção	Conjunto de unidades bibliográficas reunidas sob um título comum, com duração limitada.
Comunicação	Exposição oral ou escrita elaborada a uma instituição científica.
Dissertação	Conjunto de trabalhos apresentados a uma faculdade ou universidade com o objetivo de aprovação em grau de pós-graduação *stricto sensu*, no mestrado.
Documento	Conjunto de suporte de informação e dos dados registrados que podem servir para consulta, estudo ou prova documental. Segundo a NBR 6023: "Qualquer suporte que contenha informação registrada, formando uma unidade, que possa servir para consulta, estudo ou prova. Inclui impressos, manuscritos, registros audiovisuais, sonoros, magnéticos e eletrônicos, entre outros." (ASSOCIAÇÃO BRASILEIRA DE NORMAS TÉCNICAS, 2002, p. 2).

(*continua*)

Quadro 1.1 » **Tipos de documentos** (*continuação*)

Estampa	Imagem impressa (depois de ter sido gravada em madeira, metal, pedra...) ou ilustração de uma obra independente do texto e não paginada.
Fascículo	Edição ou caderno de uma obra ou de um periódico publicado em partes.
Fita de vídeo	Fita sonora e visual que pode ser projetada na tela de televisão ou de cinema, servindo também para o registro de imagens e de som.
Folha solta	Recortes de jornais, revista ou outra matéria de interesse, montada em folha, contendo ao alto, no centro, o cabeçalho de assunto que identifica o conteúdo da informação e, à direita, a indicação da fonte de onde foi retirada a matéria, isto é, a referência, com a respectiva data.
Folheto	Documento com pequeno número de páginas que constitui uma unidade bibliográfica.
Gráfico	Representação gráfica de qualquer espécie de fenômeno.
Guia	Obra contendo informações úteis sobre um determinado assunto.
Ilustração	Gravura ou desenho em um livro, periódico ou texto.
Imagem	Representação gráfica ou plástica de informações. Inclui filmes, videocassetes, DVDs, entre outros.
In Folio	Folha ou página de formato maior que o livro onde está inserida e que deve ser desdobrada para consulta, ou documento formado de uma única folha dobrável várias vezes para seu uso.
Jornal	Publicação com periodicidade curta (diária, semanal, quinzenal...).
Livro	Conjunto de folhas e cadernos impressos e reunidos em um volume encadernado ou sob formato de brochura.
Manuscrito	Documento escrito ou copiado manualmente.
Maquete	Reprodução, em escala reduzida, de um aparelho, máquina, decoração ou obra de arte.
Marca de fábrica	Signo ou símbolo que serve para distinguir os produtos ou os serviços de uma empresa.
Miscelânea	Publicação formada por diversas obras reunidas e editadas em conjunto.
Monografia	Obra de um (ou vários) volumes simultâneos em um período de tempo predeterminado condizente com um plano que forma uma unidade. Segundo a NBR 6023: "Item não seriado, isto é, item completo, constituído de uma só parte, ou que se pretende completar em um número preestabelecido de partes separadas." (ASSOCIAÇÃO BRASILEIRA DE NORMAS TÉCNICAS, 2002, p. 2).
Nomenclatura	Conjunto de termos utilizados em uma ciência, técnica ou arte classificados metodologicamente, ou uma lista metódica dos elementos de uma coleção.

(*continua*)

Quadro 1.1 » **Tipos de documentos** (*continuação*)

Patente	Título de propriedade industrial, identificado por um número oficial que protege, durante um determinado tempo, uma invenção ou criação descrita nos seus detalhes, na proporção das reivindicações que apresenta.
Periódico	Publicação de múltipla autoria, vinculada em intervalos e/ou períodos regulares, delimitados anteriormente, em formato de fascículos que apresentam geralmente um sumário e se encadeiam de forma cronológica e numérica durante um período de tempo não delimitado. Segundo a NBR 6023: "Publicação em qualquer tipo de suporte, editada em unidades físicas sucessivas, com designações numéricas e/ou cronológicas e destinada a ser continuada indefinidamente". (ASSOCIAÇÃO BRASILEIRA DE NORMAS TÉCNICAS, 2002, p. 2). Outra definição: série de documentos publicados em intervalos regulares e definidos, sendo que cada número (fascículo) contém normalmente artigos separados, histórias e outros escritos.
Preprint	Cópia de uma comunicação, editada antes da publicação definitiva do conjunto, com distribuição de números limitados.
Publicação em folhas soltas	Publicações cuja organização permite a inclusão ou a substituição de páginas de atualização ou de suplementos.
Publicação oficial	Qualquer texto publicado em formato de volume, brochura ou periódico, produzido por um governo (federal, estadual ou municipal), por uma sociedade governamental ou por uma organização internacional.
Publicação seriada	Publicação com duração não limitada *a priori* com periodicidade irregular e geralmente publicada por uma coletividade.
Recensão	Relação, exposição ou relatório sobre um acontecimento ou uma análise crítica de uma obra.
Relatório	Documento que contém o resultado descritivo de uma pesquisa ou de um estudo ou um documento que apresenta a descrição das atividades de um organismo durante um período determinado.
Resumo	Resultado da redução e/ou síntese de uma obra escrita ou oral a seus pontos essenciais.
Separata	Exemplar de um artigo da mesma forma que foi publicado em um periódico. Segundo a NBR 6023: "Publicação de parte de um trabalho (artigo de periódico, capítulo de livro, colaborações em coletâneas, etc), mantendo exatamente as mesmas características tipográficas e de formatação de obra original, que recebe uma capa, com as respectivas informações que a vinculam ao todo, e a expressão 'Separata de' em evidência". (ASSOCIAÇÃO BRASILEIRA DE NORMAS TÉCNICAS, 2002, p. 2).
Sinopse	Resumo breve de uma obra, geralmente elaborado pelo seu autor.
Spécime	Exemplar, fascículo ou folheto publicitário.

(*continua*)

Quadro 1.1 » **Tipos de documentos** (*continuação*)

Suplemento	Segundo a NBR 6023: "Documento que se adiciona a outro para ampliá-lo ou aperfeiçoá-lo, sendo sua relação com aquele apenas editorial e não física, podendo ser editado com periodicidade e/ou numeração progressiva." (ASSOCIAÇÃO BRASILEIRA DE NORMAS TÉCNICAS, 2002, p. 2).
Tese	Conjunto de trabalhos apresentados a uma faculdade ou universidade com o objetivo de aprovação em grau de pós-graduação *stricto sensu* no âmbito de doutorado.
Volume	Unidade material que reúne, em uma mesma capa, um determinado número de elementos como folhas, cadernos, entre outros, que formam um todo ou que fazem parte de um todo.

Fonte: Associação Brasileira de Normas Técnicas (2002) e Guinchat e Menou (1994).

Os documentos e sua importância no contexto dos serviços da biblioteca auxiliam a formação da coleção do acervo para o fluxo da informação e para o atendimento de qualidade às necessidades informacionais dos usuários e da comunidade em que a biblioteca está inserida.

Na tipologia dos documentos, pode-se, ainda, destacar os documentos em formato ou suporte eletrônico e digital. Alguns autores da área não fazem diferenciação entre os dois termos, embora se diferenciem na sua especificidade. O Conselho Nacional de Arquivos (2010) considera:

- **Documento eletrônico:** informação registrada, codificada em forma analógica ou em dígitos binários, acessível e interpretável por meio de um equipamento eletrônico.
- **Documento digital:** informação registrada, codificada em dígitos binários, acessível e interpretável por meio de sistema computacional.

» Agora é a sua vez!

No ambiente virtual de aprendizagem você encontrará uma atividade de realização em grupo, denominada Grupo Integrado.

Como exemplos de documentos eletrônicos (apresentados no Quadro 1.1): fitas de vídeo e imagens que necessitam para a sua visualização o uso de videocassete, aparelho de DVD, entre outros equipamentos que não sejam o computador; já os documentos digitais são todos aqueles que necessitam do computador para o seu acesso.

O livro: partes do livro

A história do livro acompanha a história da civilização humana, objeto utilizado sobre os mais diferentes tipos de materiais que serviu para registrar os conhecimentos nos períodos do desenvolvimento e das conquistas humanas.

NA HISTÓRIA

Os registros históricos tiveram como suporte para os livros os tijolos de barro, o papiro, as tábuas de madeira, o pergaminho, o papel e o suporte eletrônico.

O registro das memórias, calcado na herança cultural e intelectual produzida na linha do tempo, compõe um imenso repertório de documentos, resultando em um multifacetado universo de leitura e de pesquisa, organizado no espaço da biblioteca. Esse binômio **livro** e **biblioteca** refere-se a um espaço comum de **preservação da memória escrita**, que é selecionado, organizado, preparado, disponibilizado e mediado pelo bibliotecário e pelo técnico em Biblioteconomia aos usuários no processo de acesso e de uso da informação.

O livro faz parte da história dos **registros humanos**, e aproxima-se do homem também em relação a sua anatomia, pois, ao analisar as partes físicas, a nomenclatura não é muito diferente: lombada, (folha de) rosto, falsa folha de rosto (também chamada de olho), dorso, mão, orelhas, nervos, cabeça, pé (da página).

Parte externa

A anatomia do livro, ou seja, a sua estrutura, é constituída pelas partes externa e interna. Os elementos que constituem a parte externa do livro apresentam a seguinte modalidade segundo a sua nomenclatura e identificações:

- **Capa/Contracapa:** A capa, elemento obrigatório, constitui o rosto do livro que compõe o revestimento externo, de material flexível, denominado brochura, ou de material mais rígido, que se caracteriza como cartonado ou encadernado. Considerada a parte que envolve os cadernos do livro ou da brochura, organizados ordenadamente e constituindo o miolo, a capa pode ser fabricada em papel forte, cartão ou cartão reforçado por couro. Em livros antigos, a capa é formada com tábuas de madeira. A capa dura ou *hardcover* (em inglês) é considerada uma edição mais cara, muitas vezes a primeira edição de uma obra, envolta com uma capa dura, não flexível. A capa mole ou *softcover* ou *paperback* (em inglês) é feita em papel ou cartolina flexível, podendo ser também plastificada. O livro possui quatro capas, exibindo as faces externas formadas pela primeira capa que apresenta impressos o(s) nome(s) dos autores, o título do livro e subtítulo (se houver), por extenso, e a identificação da editora pelo nome e/ou logomarca. A segunda e a terceira capas não devem conter material impresso. Na quarta capa, também denominada contracapa e popularmente conhecida como a "capa de trás", têm de estar impressos o International Standard Book Number (ISBN) e o código de barras, além do resumo do conteúdo do livro e o endereço da editora (estes dois últimos elementos como opcionais).

- **Sobrecapa:** alguns livros apresentam a capa adicional, passível de remoção, com a finalidade de proteger a capa principal, sendo considerado um elemento opcional. Essa capa adicional pode ser de papel ou de outro material flexível que envolve a capa de um livro encadernado. Quando utilizada, a sobrecapa constitui a primeira e a quarta capas, inclusive as orelhas.
- **Folhas de guarda:** referem-se à primeira e à última folha de um livro, em que não são registradas informações e têm a função de proteger o restante do miolo do livro. São um elemento obrigatório nos livros encadernados com materiais rígidos e opcional nos livros encadernados com materiais flexíveis. Em algumas edições especiais, as folhas de guarda apresentam algum tipo de estampa, no entanto, não devem conter texto.

>> **DEFINIÇÃO**
O ISBN é o número internacional dos livros e consiste em um sistema padronizado que identifica numericamente os livros, de acordo com assunto, título, autor, país, editora.

>> **DICA**
Quando você escreve um livro, é preciso solicitar duas coisas: o ISBN e os direitos autorais – junto se faz o depósito legal, ambos na Biblioteca Nacional.

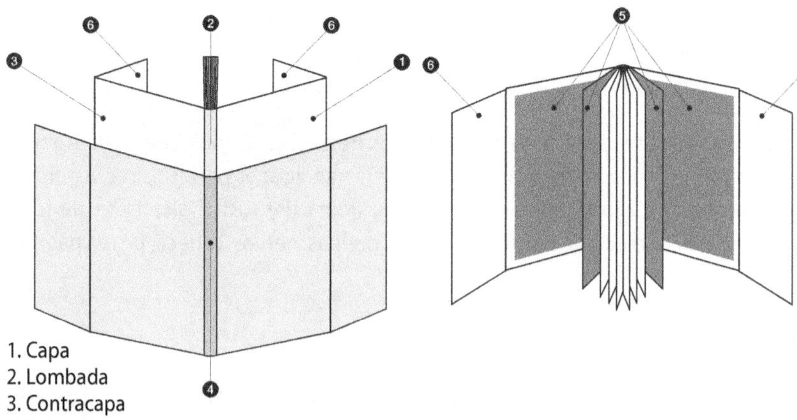

1. Capa
2. Lombada
3. Contracapa
4. Sobrecapa
5. Folhas de guarda
6. Orelhas ou abas

Figura 1.1 Elementos externos do livro.
Fonte: Gilnei da Costa Cunha.

- **Lombada:** é formada pela parte lateral do livro, unindo a capa à contracapa, sendo considerado um elemento obrigatório.
- **Orelhas ou abas**: considerado um elemento opcional, localiza-se na parte lateral do livro, unindo a capa à contracapa. Quando utilizado, deve conter os dados biográficos do autor ou autores e comentários sobre a obra, bem como a quem se destina, isto é, o público da obra, e outras informações pertinentes.

>> Parte interna

Os elementos que constituem a parte interna do livro dividem-se em três partes: **pré-textuais**, **textuais** e **pós-textuais**. Os elementos pré-textuais antecedem o texto, contendo informações que auxiliam na identificação e utilização do livro. Os elementos textuais apresentam o conteúdo principal e/ou matéria exposta do livro, e os pós-textuais, os elementos complementares ao trabalho.

Os aspectos pré-textuais possuem alguns elementos obrigatórios e outros opcionais, constituindo-se na seguinte ordem:

- **Falsa folha de rosto ou folha de anterrosto:** caracteriza-se como elemento opcional e situa-se na segunda folha de um livro, anterior à folha de rosto, logo depois da capa. Quando utilizada, deve apresentar, no anverso, o título principal do livro e, no verso, informações sobre a série a que o livro pertence. É também chamada anteportada, falso-rosto, *bastard title* ou *half title page*.
- **Folha de rosto:** constitui-se em um elemento pré-textual de caráter obrigatório, dividindo-se em anverso e verso e apresenta impressos na seguinte ordem:
  - **Anverso da folha de rosto:** deve apresentar os seguintes elementos: nome(s) do(s) autor(es); entidade(s); editor(es) responsável(is); compilador(es); coordenador(es); organizador(es); ilustrador(es); prefaciador(es); tradutor(es); título e subtítulo, diferenciados tipograficamente; indicação de edição e de reimpressão; numeração do volume, apresentada em algarismos arábicos; local de publicação, colocado na parte inferior da folha de rosto; editora (indicar o nome da editora logo após o local de publicação); ano de publicação (indicar logo após o nome da editora em algarismos arábicos).
  - **Verso da folha de rosto:** devem ser impressos os seguintes elementos: direito autoral, localizado na parte superior do verso da folha de rosto, e seus dados são o ano de formalização do contrato de direito autoral, antecedido do símbolo de *copyright* © e do detentor dos direitos autorais; direito de reprodução do livro ou parte dele, registrando as informações sobre autorização de reprodução do conteúdo da publicação; título original (se o livro for uma tradução, o título original deve ser mencionado); se houver informações sobre outros suportes disponíveis, estas deverão ser registradas (em CD-ROM; em DVD); os

dados internacionais de catalogação na publicação (CIP) são informações que devem ser elaboradas segundo o Código de Catalogação Anglo-Americano (CCAA); os créditos são elementos que podem se apresentar a critério da editora contendo dados como endereço, email, créditos institucionais, créditos técnicos, entre outros.

- **Errata:** é um elemento opcional que pode se localizar logo após a folha de rosto e apresenta a referência da publicação e o texto da errata.
- **Dedicatória**: é outro elemento opcional que deve se apresentar logo após a folha de rosto em página ímpar. Consiste em um texto que o autor dedica a outra pessoa.
- **Agradecimentos:** de caráter opcional, consistem nas menções que o autor faz a pessoas e/ou instituições das quais eventualmente recebeu apoio. Podem aparecer em página distinta depois da dedicatória, ou constar na apresentação, quando escrito pelo autor.
- **Epígrafe:** caracteriza-se como elemento opcional e consiste na inscrição de um trecho em prosa ou composição poética, seguida da indicação de autoria. É colocada em página distinta, logo após a página de rosto ou após a dedicatória e os agradecimentos. Pode também abrir seções da obra.
- **Lista de ilustrações:** considerada um elemento pré-textual opcional, é elaborada conforme a ordem apresentada na obra. Cada item é designado por seu nome específico, constando o número da página. Recomenda-se, quando necessário, a apresentação de lista específica para cada tipo de ilustração, por exemplo: desenhos, esquemas, fluxogramas, fotografias, mapas, organogramas, gráficos, quadros, entre outros.
- **Lista de tabelas:** também considerada um elemento opcional, a lista de tabelas é elaborada de acordo com a ordem de apresentação na obra, sendo cada item identificado por seu nome específico e acompanhado do respectivo número da página.
- **Lista de abreviaturas e siglas:** elemento opcional, constitui na relação alfabética das abreviaturas e siglas, seguida das palavras ou expressões correspondentes impressas ou grafadas por extenso. Quando existirem as duas situações (abreviaturas e siglas), recomenda-se a elaboração de uma lista própria para cada tipo.
- **Lista de símbolos:** elaborada de acordo com a ordem em que aparecem no texto e apresentando seu devido significado, sendo opcional o seu emprego.
- **Apresentação:** tem caráter opcional e é o texto em que o autor apresenta a obra e a justificativa, indicando a sua finalidade e as parcerias no trabalho, se houver. Deve aparecer antes do sumário e do prefácio.
- **Prefácio:** elemento opcional que consiste em texto de esclarecimento, justificativa ou prévio comentário, redigido pelo editor ou outra pessoa de reconhecida competência e autoridade. Deve começar em página ímpar e aparecer antes do sumário.
- **Sumário:** O sumário faz parte das normas da Associação Brasileira de Normas Técnicas (ABNT, 2012) – NBR 6027 e diferencia-se da lista e do índice. Enquanto o índice se define como uma lista de palavras ou frases, seguindo uma ordena-

ção criteriosa que localiza e remete para as informações contidas no texto, o sumário apresenta a enumeração de divisões, seções e outras partes de uma publicação, seguindo a ordem e a grafia que a matéria apresenta no texto, ou seja, consiste na enumeração de capítulos, seções ou partes da obra. Se a obra for apresentada em mais de um volume, em cada um deles deve constar o sumário completo da obra. Deve ser apresentado em página distinta, após a folha de rosto, a dedicatória, os agradecimentos, a epígrafe e o prefácio. O sumário é um elemento obrigatório e deve ser localizado como o último elemento pré-textual e a subordinação dos itens que compõem o sumário deve ter o mesmo destaque da apresentação tipográfica utilizada no texto; os elementos pré-textuais não devem constar no sumário.

Na estrutura do livro, os elementos textuais referem-se ao desenvolvimento do conteúdo da obra, contendo a página capitular (início de cada capítulo) e as páginas subcapitulares, se os capítulos tiverem subdivisões. Em um livro organizado em múltiplas seções, é comum estas se organizarem em capítulos. Além dos elementos de apoio, constituídos pelas citações, ilustrações, tabelas, quadros e figuras que fazem parte do conteúdo. As notas e a iconografia (fotos e desenhos) também são elementos textuais.

A última das partes do livro é formada pelos seguintes elementos pós-textuais:

- **Posfácio:** é um elemento opcional e deve iniciar em página ímpar após os elementos textuais.
- **Referências:** as referências constituem uma lista das obras citadas pelo autor no texto que segue a ordem alfabética do(s) autor(es) ou autores citado(s).
- **Glossário:** assim como o posfácio, o glossário é um elemento opcional e se apresenta em página ímpar.
- **Apêndice:** constitui-se em elemento opcional e identifica-se por letras maiúsculas consecutivas (A-B-C...), travessão (–) e pelo respectivo título. O apêndice é o material produzido pelo autor da obra.
- **Anexo:** é o elemento opcional identificado por letras maiúsculas consecutivas, travessão e título, fazendo parte do pós-texto. O anexo é o material não produzido pelo autor da obra.
- **Índice**: é o elemento que faz parte do pós-texto constituindo-se na relação detalhada de assuntos, nomes e títulos, apresentado em ordenação alfabética e indicando a página. Pode ser denominado como índice de conteúdos, índice de matérias, índice geral ou índice de temas. Há também o índice remissivo que é a listagem, em ordem alfabética, de nomes, sítios e conceitos que aparecem em uma obra, remetendo às páginas onde ocorrem. Aparece no fim de uma publicação caracterizando-se como a forma tradicional do *hiperlink* impresso, que aumenta muito a usabilidade de um livro.
- **Colofão:** do grego *kolophon*, que significa final, término, o colofão é uma inscrição que contém a informação sobre título, autor, editor, impressor,

local e data de impressão, número ISBN, entre outros, podendo estar localizado no final do livro. O colofão é um elemento obrigatório e fica na parte inferior da última folha do livro. Nos livros mais recentes, o colofão foi substituído pela ficha técnica.

As características descritas que compõem a estrutura do livro auxiliam não somente aos profissionais da informação, mas também aos usuários da biblioteca no processo de aproveitamento do livro e dos cuidados preventivos para a sua utilização e circulação na biblioteca para consulta local e empréstimo domiciliar.

» Outros elementos

Além da nomenclatura das partes internas e externas do livro, existem outros elementos relacionados à sua estrutura que são igualmente interessantes e relevantes, destacados a seguir:

- **Brochura:** encadernação simples, na qual os cadernos são cosidos ou colados na lombada de uma capa mole.
- **Cabeceado ou friso**: consiste em um cadarço bordado posicionado na cabeça e no pé (parte superior e inferior) do livro com a função de adorno e acabamento, por isso a variação de cores. Nas obras antigas, o cabeceado era confeccionado no próprio livro.
- **Cabeço:** título do livro ou do capítulo (por convenção, nas páginas ímpares) e nome do autor (nas pares). Elemento de navegação; usa-se para orientar o leitor.
- **Caderno:** conjunto de folhas ordenadas, dobradas (e eventualmente cosidas), cujo conjunto constitui o miolo do livro. Um caderno pode conter 4, 8 ou 16, por vezes 32 páginas – dependendo do formato da publicação.
- **Canaleta:** é a parte de encaixe da lombada à capa do livro.
- **Cinta:** tira de papel envolvendo a capa do livro, com informação (de promoção) adicional.
- **Corte da frente:** é a parte da margem externa das páginas do livro, visível com o livro aberto ou fechado. O nome origina-se do corte das páginas efetuado pela guilhotina na produção gráfica. Incluído no corte encontra-se a "cabeça", que é o corte na parte superior do livro.
- **Dorso:** lombada de um livro com capa em material nobre, onde por vezes ainda se grava o título (a cor ou em ouro).
- **Guarda:** aba exterior que se dobra para dentro de uma publicação ou de um livro, de forma a proteger a capa.
- **Indicador:** projeção de cavidade na lateral direita das folhas do livro ou folheto, para destacar letras, números ou outros elementos. Sabe aquela parte funda no canto das folhas que ajuda na localização rápida de uma letra? Isso é o indicador. Normalmente utilizado em bíblias, agendas e dicionários.
- **Lombada:** parte de um livro ou brochura, oposta ao corte da frente, onde são unidos (cosendo ou colando) os cadernos com a capa.

- **Marcador:** fita presa entre o miolo e a lombada do livro ou folheto para marcar a folha de leitura. Aquela fitinha que vem presa na lombada de alguns livros.
- **Nervos ou nervuras:** filete saliente ou prega muito fina produzida na lombada do livro.
- **Resma:** conjunto de 500 folhas de papel, equivalente a 20 mãos.
- **Tomba:** consiste em um retângulo, geralmente de couro, colado na lombada de um livro encadernado, contendo impressos o respectivo título e o nome do autor.

Agora é a sua vez!

Acesse o ambiente virtual de aprendizagem para fazer um exercício sobre as partes do livro.

REFERÊNCIAS

ASSOCIAÇÃO BRASILEIRA DE NORMAS TÉCNICAS. *NBR 6023:* informação e documentação – referências – elaboração. Rio de Janeiro: ABNT, 2002.

ASSOCIAÇÃO BRASILEIRA DE NORMAS TÉCNICAS. *NBR 6027:* informação e documentação – sumário – apresentação. Rio de Janeiro: ABNT, 2012.

CONSELHO NACIONAL DE ARQUIVOS. *Glossário.* Rio de Janeiro: CONARQ, 2010. Disponível em <http://www.documentoseletronicos.arquivonacional.gov.br/media/publicacoes/glossario/2010glossario_v5.1.pdf>. Acesso em: 31 jul. 2012.

GUINCHAT, C.; MENOU, M. *Introdução geral às ciências e técnicas da informação e documentação.* Brasília: IBICT, 1994.

MORO, E. L. S. *Ambientes virtuais de aprendizagem e recursos da Web 2.0 em contexto hospitalar:* rompendo a exclusão temporária de adolescentes com fibrose cística. 2011. 232 f. Tese (Doutorado em Educação) – Programa de Pós-Graduação em Educação, Faculdade de Educação, Universidade Federal do Rio Grande do Sul, Porto Alegre, 2011.

MORO, E. L. S.; ESTABEL, L. B. A Interação entre os alunos, educadores, bibliotecários e a pesquisa escolar. *Revista Informática na Educação: Teoria e Prática*, v. 7, n. 2, p. 51-61, 2004.

SANTOS, M. O projecto de uma sociedade dos conhecimento: de Lev Vygotski a práticas efectivos de formação contínua em Portugal. *Laborial*, v. 1, n. 1, p. 32-34, 2005.

TARAPANOFF, K. M. A.; FERREIRA, J. R. Sociedade da informação: conteúdos informacionais. *Revista de la Escuela Universitaria de Bibliotecologia y Ciencias Afines,* n. 3/4, p. 147-162, 2003.

Eliane Lourdes da Silva Moro
Lizandra Brasil Estabel

capítulo 2

Tratamento do livro

Seleção, aquisição e organização do acervo da biblioteca

Este capítulo apresenta os conceitos e as características necessárias para a identificação e a conceituação do acervo de uma biblioteca. Além disso, será explicado o processo de seleção e descarte de acervo como uma atividade de significativa importância para as políticas da biblioteca. A finalidade principal é detalhar como o livro é tratado desde a sua chegada à instituição até o armazenamento na estante.

Objetivos deste capítulo

- Conceituar o acervo da biblioteca.
- Identificar o processo de seleção e descarte de acervo.
- Diferenciar aquisição por compra, doação e permuta.
- Identificar os procedimentos de registro e organização do acervo para armazenamento nas estantes.

O acervo na constituição da biblioteca

Acervo é o conjunto dos documentos que compõem o patrimônio da biblioteca. Todo documento organizado e armazenado na biblioteca faz parte do acervo, por isso denomina-se assim o conjunto de obras ou de documentos que são formalmente apropriados por esta biblioteca. São considerados organismos vivos e podem ser de diferentes tipos e formatos ou suportes físicos.

O acervo da biblioteca é denominado de coleção ou coleções, conforme se refira ao completo conjunto das obras existentes, ou a grupos de obras. Pode ser constituído de várias obras iguais, denominadas exemplares, ou de uma única obra ou exemplar, que, segundo as características físicas do seu suporte material, se dividem em dois grandes grupos, identificados como impressos ou bibliográficos; e não impressos ou audiovisuais.

Dentre os materiais que fazem parte do acervo de uma biblioteca é possível destacar (Quadro 2.1):

Quadro 2.1 » **Tipos de materiais do acervo**

Impresso – suporte papel	Livros (informativos, recreativos, literários, de referência), monografias impressas, folhetos, periódicos (revistas, jornais), publicações seriadas (atas, relatórios, anais), separatas, patentes, trabalhos acadêmicos constituídos de monografias de conclusão de curso de graduação ou trabalhos de conclusão de curso (TCCs), de curso de pós-graduação *lato sensu* ou especialização, curso de pós-graduação *stricto sensu*, mestrado e doutorado por meio de dissertações e teses, normas técnicas, cartazes, plantas, mapas, cartas, gravuras, partituras musicais, cartões-postais, selos, fotografias, entre outros.
Audiovisual	Discos compactos, CDs, fitas cassetes, fitas de vídeo, filmes, diapositivos (multimeios), entre outros.
Publicações eletrônicas	Programas de computador, CD-ROMs de referência, de aprendizado de línguas, entre outros.
Objetos reais ou de aprendizagem	Maquetes, pôsteres com relevo, globos, jogos, moedas, quadros, estampas, brinquedos, entre outros.

Fonte: As autoras.

O processo básico para a formação, o desenvolvimento e a identificação da coleção da biblioteca, bem como para a promoção de seu acesso e uso pela comunidade, pode ser caracterizado pelos seguintes procedimentos:

- Seleção;
- Descarte;
- Aquisição – compra, doação ou permuta;
- Registro;
- Catalogação;
- Classificação;
- Elaboração de entradas catalográficas;
- Preparação das obras para circulação – colagem de bolso e de etiqueta;
- Inserção da ficha de circulação no bolso da obra;
- Colagem de etiquetas coloridas na lombada;
- Guarda das obras nas estantes de acordo com o número de chamada registrado na etiqueta de lombada, bem como da fita colorida.

O processo de seleção e de descarte de acervo em biblioteca

Para uma biblioteca oferecer serviços de qualidade e atender às necessidades informacionais do público, a política de coleções que compõem o acervo é significativa e necessária para alcançar os objetivos a que se propõe.

A seleção é o primeiro passo para a composição do acervo, e o descarte consolida esse processo.

A seleção do acervo

A seleção é um dos mais importantes processos para a formação e o desenvolvimento da coleção que compõe uma biblioteca. Ela consiste na escolha dos materiais que serão incorporados ao acervo adequado para atender as necessidades e interesses da comunidade servida pela biblioteca.

O processo de seleção do acervo não se realiza necessariamente na aquisição dos livros e materiais, mas perpassa diversos momentos e fases dos serviços da biblioteca.

Portanto, é necessário identificar a sua função de acordo com a natureza ou o tipo de biblioteca, tendo como premissa alguns princípios fundamentais, como:

- Uma coleção deve ser considerada quantitativamente, uma vez que o acervo não pode crescer ou aumentar de forma indefinida, sem atender às necessidades de informação dos usuários e à política de coleção conforme a tipologia da biblioteca;
- Uma coleção deve ser considerada qualitativamente, adequando-se às necessidades de informação e de qualidade dos seus usuários;
- A biblioteca existe para o leitor e deve atender a sua demanda;
- A biblioteca deve ter uma coleção que seja um reflexo da cultura de todos os tempos;
- A instituição deve ser ideologicamente neutra na formação e seleção do acervo, sem uma atitude de discriminação ou de censura excessivas.

Para Carrión Gútiez (1993, tradução nossa), podem ser considerados **critérios de seleção do acervo**, além do conhecimento e da experiência do responsável, preferencialmente o profissional bibliotecário, os seguintes:

- Exatidão e atualidade da informação;
- Nível científico e interesse do tema tratado;
- Relevância e fidelidade ao tema proposto e organização do conhecimento na exposição;
- Adaptação ao tema e compreensão do leitor à língua escrita;
- Qualidade e beleza do estilo;
- Qualidade dos aspectos técnicos do suporte (papel, impressão, composição, ilustrações, encadernação);
- Presença ou ausência de aspectos complementares da obra (índices, ilustrações, comentários, notas, referências);
- Adaptação às necessidades da biblioteca;
- Aspectos econômicos.

Além dos critérios apontados, é possível acrescentar alguns aspectos relevantes como a **imparcialidade** na seleção no processo de aquisição do material do acervo em relação à compra, à doação e à permuta. Não convém a restrição do modo de aquisição, mas deve-se avaliar os conteúdos dos documentos quanto ao atendimento às necessidades de informação dos usuários da biblioteca em detrimento às preferências pessoais do profissional que realiza o processo de seleção.

Outro fator importante a ser avaliado são os recursos que a biblioteca possui e o valor da publicação tendo em vista os objetivos da biblioteca em relação à formação do acervo, a conceituação do(s) autor(es) e suas credenciais como escritor, a necessidade e importância do assunto para a coleção existente, a disponibilidade de material sobre o assunto, entre outros.

A Fundação Biblioteca Nacional (2000) recomenda os seguintes instrumentos para auxiliar e apoiar o processo de seleção:

- Consulta aos catálogos de editoras e distribuidoras;
- Leitura das seções de lançamentos de literários de jornais e revistas;
- Visitas às livrarias com o objetivo de conhecer as novidades e os lançamentos editoriais;
- Sugestões de leitores, especialistas e pessoas da comunidade;
- Análise das estatísticas de consultas e de empréstimos, possibilitando, também, a identificação das preferências dos leitores.

» O descarte

O descarte é outro processo de grande importância na avaliação permanente da coleção da biblioteca, reconhecido como a ação de "[...] retirada definitiva do acervo, de uma obra, por ter sido danificada pelo uso, perdida, doada, permutada, etc." (FUNDAÇÃO BIBLIOTECA NACIONAL, 2000, p. 65) caracterizando-se como uma etapa responsável pelo desenvolvimento criterioso da coleção e que atenda aos interesses e às necessidades da comunidade que a biblioteca serve.

» DICA

Ao proceder à baixa do material, recomenda-se extrair a folha de rosto do livro descartado, uma vez que no seu verso consta o carimbo de registro com o número e a data. Em seguida, agrupam-se todas as folhas de descarte em um envelope contendo a data do procedimento e a rubrica do responsável. É indicada a guarda deste material pelo período de cinco anos.

Nas bibliotecas jurisdicionadas a instituições públicas (federais, estaduais ou municipais), sejam elas universitárias, escolares ou públicas, o descarte do material do acervo deve seguir critérios estabelecidos pelos profissionais que atuam na instituição, pois o acervo compõe ou faz parte do patrimônio público. Tendo em vista as implicações patrimoniais, a decisão sobre os critérios e o processo de descarte não deve ser uma atribuição única do responsável pela biblioteca, sugerindo-se, por isso, a formação de uma comissão com representantes dos segmentos da instituição, além de pessoas especializadas nas áreas temáticas que poderão auxiliar na análise dos materiais e indicar a destinação dos materiais descartados, por meio do registro de baixa do acervo patrimonial.

Os seguintes critérios indicam obras passíveis de descarte:

- Conteúdo desatualizado;
- Inadequação pelo assunto tratado, pelo idioma ou pela localização da biblioteca;
- Quantidade excessiva e baixa utilização;
- Obras fisicamente danificadas, sem condições de recuperação ou infestadas por pragas (broca, cupim, fungo, entre outras) que podem contaminar o acervo ou prejudicar a saúde dos usuários.

Ao realizar o descarte e assim "[...] evitar o comércio posterior ou levantar controvérsias, é sempre conveniente ter um carimbo para baixa, com a data da baixa e a rubrica do responsável, afixado em lugar visível na obra descartada." (FUNDAÇÃO BIBLIOTECA NACIONAL, 2000, p. 66).

Verifica-se, dessa maneira, a importância do processo de seleção e de descarte visando à qualidade dos serviços prestados pela biblioteca à comunidade atendida.

O processo de aquisição como constituição do acervo da biblioteca

A aquisição é o processo técnico de formação do acervo que se concretiza por meio da compra, doação ou permuta. Vergueiro (1989) afirma que a formação e o desenvolvimento de coleções compõem um processo que abrange as atividades de estudo da comunidade e dos usuários e a política de seleção, aquisição, descarte (ou desbastamento) e avaliação.

No processo de aquisição de documentos, é necessária uma observação criteriosa de todas as etapas, contendo normas estabelecidas que envolvam o controle exigido pela legislação e pelo regulamento interno vigente.

Aquisição por compra

A aquisição realizada pela compra é efetivada após a seleção das obras e o encaminhamento de uma listagem ao setor responsável pela negociação. Sugere-se que nesta relação contenham os seguintes dados:

- Nome completo do autor ou dos autores;
- Título completo da obra;
- Local de publicação;
- Nome da editora;
- Data de publicação;
- Número de exemplares a serem comprados.

> **» NO SITE**
> O processo de compra em órgãos públicos no Brasil é regido pela Lei Nº 8.666, de 21 de junho de 1993. Para saber mais, visite o ambiente virtual de aprendizagem.

Verifica-se que muitas bibliotecas escolares (municipais, estaduais e federais), bibliotecas públicas (municipais, estaduais e federais) e bibliotecas universitárias (estaduais e federais), no processo de compra de livros, optam pela modalidade licitação, realizando ou concorrência, ou tomada de preços, ou convite, conforme os recursos financeiros disponíveis para a compra. No entanto, no processo de compra de livros, deve-se atender ao que promulga o Art. 25 da Lei, afirmando que "É inexigível a licitação quando houver inviabilidade de competição, em especial [...]" (BRASIL, 1993):

> para aquisição de materiais, equipamentos, ou gêneros que só possam ser fornecidos por produtor, empresa ou representante comercial exclusivo, vedada a preferência de marca, devendo a comprovação de exclusividade ser feita através de atestado fornecido pelo órgão de registro do comércio do local em que se realizaria a licitação ou a obra ou o serviço, pelo Sindicato, Federação ou Confederação Patronal, ou, ainda, pelas entidades equivalentes. (BRASIL, 1993).

Cabe salientar aos responsáveis pelo processo de compra de livros que, neste caso, editores, livreiros, distribuidores e importadores de livros, bem como empresas de venda direta de livros, são associados à Câmara Brasileira do Livro e, no momento da compra, a entidade fornece a Carta de Exclusividade que atende à exigência da Lei sem a necessidade de realizar concorrência, tomada de preços ou convite.

Na entrega dos livros comprados, deve constar a Carta de Exclusividade para o cumprimento da legislação e a nota fiscal de compra. É importante conferir os livros, verificar se todos os itens adquiridos foram entregues e se estão em perfeito estado. No caso de alguma irregularidade (falta de páginas, troca de cadernos, rasuras de impressão, entre outras), deve-se encaminhar para devolução, solicitando a substituição do livro.

» Aquisição por doação

Outro processo de aquisição, muito comum em bibliotecas escolares, públicas e comunitárias, é a realizada por meio de doação do acervo, resultante de material documentário descartado por pessoas, instituições, grupos, editoras ou outras bibliotecas. Quando a biblioteca recebe materiais doados, é importante informar ao doador a política adotada com relação a essa prática.

Sugere-se à biblioteca que recebe a doação a emissão de um termo de doação assinado pelo doador, sendo possível listar os itens ou títulos doados, ou o quantitativo de exemplares. É interessante esclarecer, no próprio termo, caso o material não seja aproveitado no acervo, que ele poderá ser devolvido ou seguirá procedimentos de outra forma de destinação, segundo os critérios de seleção e de descarte da biblioteca. Pode ocorrer, na comunidade na qual a biblioteca está inserida, a morte de uma pessoa que possua um significativo acervo e a família optar pela sua doação. É necessário que os critérios de seleção sejam procedidos e devidamente avaliados, muitas vezes resultando em uma doação significativa para o acervo e para a recuperação da memória da comunidade. É aconselhável, nestas situações, buscar o apoio de especialistas da área ou de pessoas da comunidade local para auferir a avaliação do aproveitamento do material doado à biblioteca.

» Aquisição por permuta

O processo de aquisição por meio da permuta em bibliotecas é mais comum em instituições universitárias e especializadas, principalmente entre as unidades que fazem parte de uma rede ou de um sistema de bibliotecas, e a permuta costuma acontecer principalmente entre as coleções de periódicos da instituição.

Em muitas bibliotecas universitárias existe o setor de permutas, que possui um bibliotecário responsável pelo gerenciamento e pela promoção do intercâmbio de publicações científicas. Seu objetivo principal é ampliar e enriquecer o acervo e divulgar as publicações editadas pela instituição universitária.

Com o advento das Tecnologias de Informação e de Comunicação (TICs), cada vez mais instituições universitárias passaram a publicar seus periódicos científicos em meios virtuais, preterindo o processamento impresso dos materiais. Esta adequação às novas tecnologias não impediu o intercâmbio entre as bibliotecas que utilizam o serviço virtual, pois estão em vigor procedimentos estabelecidos pelas instituições por meio de acordos formalizados sobre a troca de materiais produzidos.

É importante salientar que, independentemente do processo de aquisição, os critérios estabelecidos pela biblioteca devem ser observados, destacando-se que a aceitação do material em cada um dos processos precisa atender a alguns cuidados que antecedem o registro do material comprado, doado ou permutado ao acervo, qualificando assim os serviços prestados pela biblioteca e o atendimento às necessidades de acesso e de aproveitamento aos usuários que buscam informação.

» Registro, preparo para empréstimo e circulação do livro

Antes da disponibilização dos livros aos usuários da biblioteca, devem ser realizadas as rotinas a seguir:

- Conferência da nota fiscal ou de outra relação que for encaminhada pelo órgão encarregado da sua aquisição;
- Revisão do material, tendo em vista a sua integridade física: paginação e impressão completas, capas em bom estado;
- Identificação, por meio de carimbos;
- Incorporação ao acervo da biblioteca, por meio do registro;
- Colocação de etiquetas e sinalização a cores nas lombadas.

Com a finalidade de orientar as rotinas mencionadas, serão apresentados os procedimentos de forma detalhada, desde o recebimento, o registro, o preparo para empréstimo, até a circulação do livro.

» Recebimento do documento

É nesta etapa que se verifica se o documento corresponde ao solicitado, analisando, para tanto, a compatibilidade das informações da nota fiscal com o livro recebido, no caso de aquisição por meio de compra.

Identifica-se neste documento a **folha de rosto**, encontrada, geralmente, na segunda página do documento. É nela que estão as informações que auxiliarão na determinação da autoria do documento, além de título, editora, edição, local e ano de publicação. A folha de rosto é o local mais confiável para a busca de informações, pois é comum que a capa e a lombada dos livros apresentem informações suprimidas ou incorretas em relação ao título e ao nome do autor (Figura 2.1).

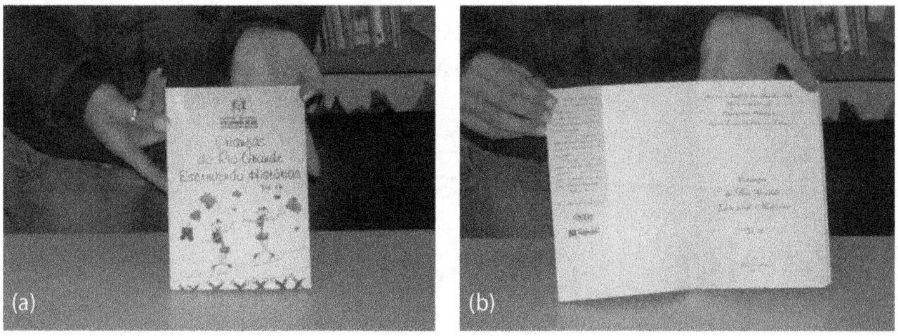

Figura 2.1 (a) Capa do livro, (b) folha de rosto do livro.
Fonte: Moro (2009).

» Verificação física

É outro procedimento necessário no ato de recebimento do livro. Na verificação, deve-se prestar atenção para folhas danificadas, em branco (ausência de conteúdo), ou que estejam faltando. Além disso, deve-se conferir se as informações apresentadas na capa e na lombada estão de acordo com o conteúdo do livro.

No caso de doação, é necessário verificar se o documento recebido não apresenta algum tipo de sujeira ou contaminação ou, ainda, agentes biológicos (brocas, cupins, traças, fungos, entre outros) que danificam o livro.

» Procedimentos com carimbos de registro e de propriedade ou identificação

As bibliotecas devem possuir dois carimbos: o carimbo de registro e o carimbo de propriedade ou de identificação.

Carimbo de registro

É usado no verso da folha de rosto da obra que está sendo registrada, na parte superior, à esquerda. Esta posição será alternada caso o carimbo venha a cobrir algum texto impresso, devendo, no entanto, adotar uma posição o mais próximo possível da indicada.

A fim de facilitar a posterior localização desse número, após a carimbagem, deve-se, então, preencher os espaços do carimbo com o número de registro do documento e a data em que este registro está sendo efetuado (Figura 2.2).

O controle do número de registro, que é atribuído a cada volume físico de uma obra (livro), deverá ser feito em folha à parte, riscando-se cada número, à medida em que for utilizada a numeração de ordem de chegada do material na biblioteca (anotada no carimbo de registro).

Exemplo:

01 02 03 04 05 06 07 08 09 10 11 12 13 14 15 16 17 18 19 20 21 22 23 24 25 26 27 28 29 30...

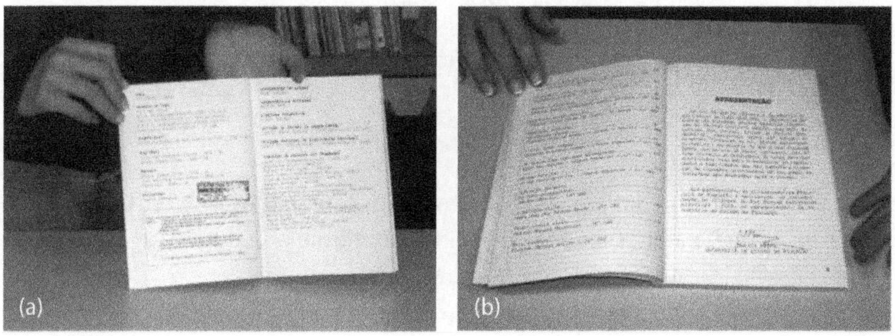

Figura 2.2 (a) Identificar o verso da folha de rosto, aplicar o carimbo e preenchê-lo. (b) Escolha da página a ser carimbada: verso da folha de rosto, não cobrindo parte impressa.
Fonte: Moro, (2009).

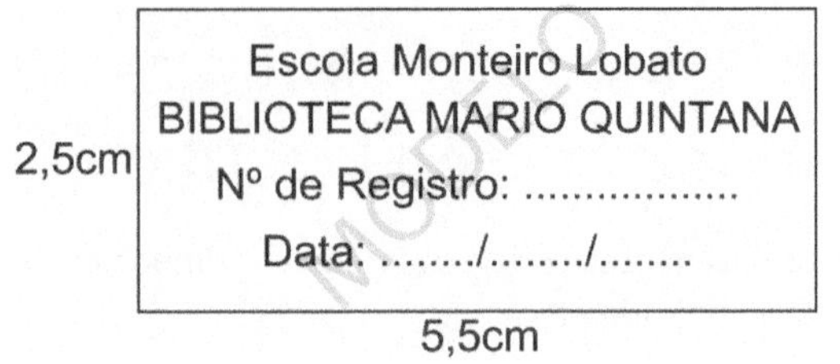

Figura 2.3 Modelo de carimbo para registro de livros.
Fonte: Moro (2009).

Carimbo de propriedade ou identificação

Deve ser usado na folha de rosto da obra, em espaço que não cubra partes ocupadas por texto e que se aproxime o máximo possível da seguinte localização: ao alto, no centro, a 3 cm da borda superior.

Em seguida, deve ser escolhida uma página que receberá o carimbo como marca da biblioteca e de fácil identificação do material. Este carimbo deverá ser colocado na parte inferior direita da página, a 2 cm de seu término, e nos cortes do livro.

O carimbo de identificação apresenta basicamente, o nome da biblioteca e o nome da instituição a que pertence (Figura 2.4). Ele deve ser relativamente pequeno, permitindo sua utilização em espaços reduzidos, como a margem inferior do livro, isto é, no pé da página (Figura 2.5).

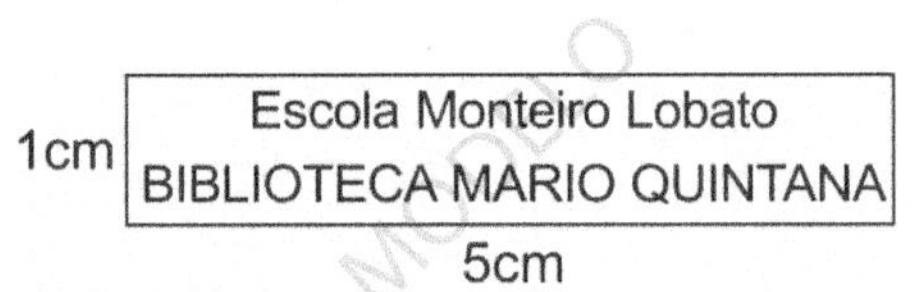

Figura 2.4 Modelo de carimbo de identificação da biblioteca.
Fonte: As autoras.

Sugere-se que livros com até 100 páginas sejam carimbados a cada 10 páginas; livros com até 200 páginas, a cada 20 páginas, conforme o Quadro 2.2.

Carimbo de identificação ou propriedade da biblioteca

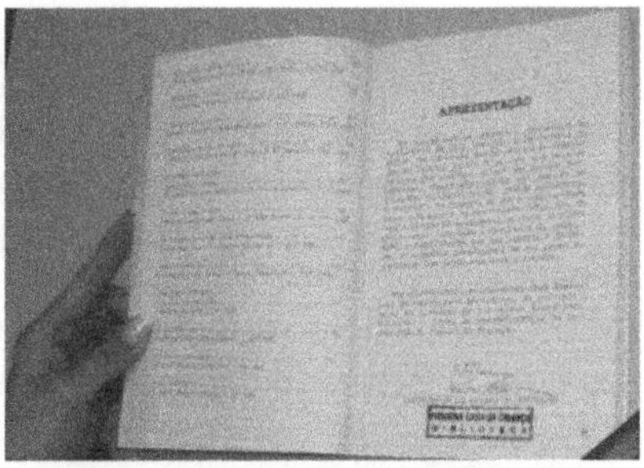

Carimbar o livro: na base da página de forma centralizada

Carimbagem interna seguindo a numeração e a quantidade das páginas

Livro carimbado nas interpáginas

Figura 2.5 Carimbo de identificação ou propriedade da biblioteca.
Fonte: Moro (2009).

Quadro 2.2 » Posição dos carimbos conforme número de páginas do livro

Até 100 páginas: carimba-se de 10 em 10	Ex.: 11 – 21 – 31 – 41 – 51 – 61 – 71 – 81 – 91
Até 200 páginas: carimba-se de 20 em 20	Ex.: 11 – 21 – 41 – 61 – 81 – 101 – 121 – 141 – 161 – 181 – 201
Até 300 páginas: carimba-se de 30 em 30	Ex.: 11 – 31 – 61 – 91 – 121 – 151 – 181 – 211 – 241 – 271 – 301
Até 400 páginas: carimba-se de 40 em 40	Ex.: 11 – 41 – 81 – 121 – 161 – 201 – 241 – 281 – 321 – 361 – 401
Até 500 páginas: carimba-se de 50 em 50	Ex.: 11 – 51 – 101 – 151 – 201 – 251 – 301 – 351 – 401 – 451 – 501

Fonte: As autoras.

» **IMPORTANTE**
Lembre-se de que a utilização do carimbo de propriedade ou identificação é de suma importância para determinar a propriedade do livro pela biblioteca.

A biblioteca poderá adotar outro intervalo, se assim lhe for conveniente. Recomenda-se também escolher uma página ímpar que deverá sempre ser carimbada em cada livro. Exemplo: **página 11**, podendo coincidir, ou não, com as páginas determinadas pelo intervalo escolhido.

É importante evitar que o carimbo fique sobre o texto. Como medida de identificação do documento, pode-se aplicar o mesmo carimbo na folha de rosto e na última página do livro, bem como em seus cortes.

Processamento técnico do livro

A partir da leitura técnica do documento, é possível destacar alguns elementos essenciais, como título, sumário, partes do corpo da obra, que permitirão a identificação da área do conhecimento a que o documento pertence e a autoria (autor pessoal ou entidade).

Com essas informações, pode-se partir para a elaboração do número de chamada e a determinação da codificação cromática do assunto principal da obra.

O(s) assunto(s) de que trata uma obra compõe(m) a sua própria essência. O documento sob as suas diferentes formas de apresentação (livro, revista, filme, música gravada, pintura, escultura) traz implícita uma ideia ou uma mensagem que discorre sobre um tema, em campo vasto ou restrito de determinado assunto que abrange a análise temática da obra.

Ao reunir em seu acervo múltiplas formas de documentos sobre determinado assunto, cabe à biblioteca definir as estratégias, as ferramentas e os procedimentos que serão usados para a sua organização, seguindo os princípios biblioteconômicos.

Assim, o planejamento para implantar o sistema de catálogo, a definição do modo de ordenar as unidades da coleção em seu local de armazenamento, o recurso adotado para localizar e recuperar esta unidade em seu local de guarda terão como resultado um conjunto de práticas que serão adotadas, tendo como base os denominados padrões bibliográficos, para representar conhecimento ou o assunto contido nos documentos do acervo, bem como descrever as características do documento a partir de sua materialidade.

Como resultado desse processo, é possível obter:

- As entradas catalográficas, que constituirão o catálogo manual (fichas) ou informatizado (base de dados bibliográficos);
- O sistema de ordenação do acervo (fixo ou relativo);
- A sinalização cromática das coleções e dos locais de armazenamento;
- A identificação única para cada uma das unidades de informação do acervo, por meio do número de chamada ou localizador.

Cada biblioteca determina a forma de organização do seu acervo e deve selecionar o sistema de classificação que será utilizado, optando entre um dos dois principais: Classificação Decimal de Dewey (CDD) e Classificação Decimal Universal (CDU).

Além do tipo de classificação adotado, sugere-se também utilizar a codificação cromática, que poderá ser organizada por um técnico em Biblioteconomia, visando à melhor forma de planejar o acervo para facilitar o armazenamento e a busca pela informação desejada. O importante é realizar um tratamento adequado para o acervo, possibilitando ao usuário localizar-se na biblioteca, buscar e encontrar o assunto que procura, propiciando a sua autonomia no acesso da informação de que necessita.

» IMPORTANTE
O técnico em Biblioteconomia pode atuar em qualquer tipo de biblioteca sob a supervisão do bacharel formado na área.

O sistema de classificação utilizado pelas bibliotecas tem como finalidade identificar o livro na estante e facilitar o acesso aos assuntos. Isso ocorre por meio da organização do universo do conhecimento em uma ordem sistemática. Dessa forma, o material do acervo é agrupado pelo assunto que trata. Cada tema é representado por um símbolo correspondente presente nas etiquetas das lombadas dos livros.

A classificação do acervo traz as seguintes vantagens:

- Localização simplificada dos livros dentro da coleção;
- Retirada para consulta e empréstimo com mais rapidez e eficiência;
- Devolução dos livros à coleção com facilidade;
- Inserção de novos livros na coleção, sem afetar a ordem lógica;
- Reunir ou agrupar livros semelhantes em várias línguas e edições.

» Sistema Decimal de Dewey

O Sistema Decimal de Dewey, também conhecido como Classificação Decimal de Dewey (CDD), foi desenvolvido por Melvil Dewey, em 1873, e representa um mapa completo das áreas do conhecimento. Ele divide o sistema em 10 classes principais – 000,100, 200, 300, 400, 500, 600, 700, 800 e 900 – fazendo as suas relações com a evolução do conhecimento humano.

A CDD apresenta a divisão do conhecimento em hierarquias, com os tópicos organizados dos mais amplos aos mais específicos. A classe principal é representada por três algarismos para que o assunto fique mais específico; um ponto decimal terá de ser colocado depois do terceiro dígito.

Ao capacitar os usuários para compreender o sistema de classificação utilizado para a localização do livro na estante e o acesso aos assuntos da biblioteca, por meio da organização do universo do conhecimento em uma ordem sistemática, é possível elaborar e contar em forma de uma história sequencial a razão pela qual esta organização sistemática ocorre em todas as bibliotecas organizadas do mundo. Exemplificamos da seguinte maneira, seguindo as relações com a evolução do conhecimento humano (Quadro 2.3):

Quadro 2.3 » **Principais divisões do Sistema Decimal de Dewey**

Classe	Área do conhecimento	Evolução das áreas
100	Filosofia Psicologia	O homem iniciou pensando em si próprio com a primeira pergunta: "quem sou eu?".
200	Religião	Após, surge o questionamento: "de onde vim?" Logo, pensa em um ser superior, em Deus, e nasce a Religião.
300	Ciências Sociais	Com a sua evolução, o homem pensa em outras pessoas que convivem no seu meio: "quem é o homem próximo?", e sente a necessidade de conviver em grupo, surgindo assim as Ciências Sociais.
400	Linguagem Linguística	No convívio e nas relações em grupo, o homem sente a necessidade de se comunicar com os outros por meio de palavras ou de sinais, questionando-se: "como posso fazer para que eu me comunique e me compreendam?"; surge, assim, a Linguagem.
500	Ciências Naturais	Após interagir com outros integrantes do grupo, o homem observa o seu meio, tentando compreender a natureza, por meio da terra, do mar e do céu, e pergunta: "como posso entender a natureza e o mundo à minha volta?"; para compreender a natureza, surgem as Ciências Puras.
600	Ciências Aplicadas	Depois disso, o homem começa a aprender sobre o uso do fogo e sua necessidade de aplicação, sobre a roda, a medicina, o cultivo de alimentos, a alimentação, a construção de estradas e pontes e sobre a fabricação de todos os objetos de nosso uso, utilizando as tecnologias disponíveis e se perguntando: "como posso usar o que conheço sobre a natureza?"; surgem assim as Ciências Aplicadas.
700	Arte Belas-artes Recreação Diversões Desportos	Ao compreender o meio e utilizar as tecnologias, surge a necessidade e o desejo de lazer, e o homem aprende a desenhar figuras, a compor música, a dançar e a jogar, buscando a resposta para a pergunta: "como posso aproveitar meu tempo de lazer?"; então surgem as Artes e Recreação.

(*continua*)

Quadro 2.3 » **Principais divisões do Sistema Decimal de Dewey** (*continuação*)

800	Literatura	Nas atividades em família e na convivência com o grupo social, o homem cria lendas, contos, fábulas, épicos, poesias e narrativas sobre seus ancestrais e pessoas que conheceu, e se torna um contador de histórias. Mais tarde, transforma essas memórias em escrita para as pessoas lerem, se perguntando: "como posso deixar para meus filhos um registro dos feitos heroicos dos homens?"; nasce assim a classe da Literatura.
900	Geografia Biografia História	O homem começa então a registrar os eventos reais e a descrever as pessoas que participaram desses eventos, fazendo a seguinte pergunta: "como posso deixar um registro para o homem no futuro?"; nasce, assim, a História, a Geografia e a Biografia.
000	Generalidades Informação Organização	Enfim, o homem chega à sociedade da informação e do conhecimento em meio a obras gerais, generalidades, informação, organização e se pergunta: "como encontrar uma informação rápida e de referência sobre qualquer assunto?"; então surge a classe de Generalidades, Informação e Organização.

Fonte: As autoras.

» Sistema Decimal Universal

O Sistema Decimal Universal ou Classificação Decimal Universal (CDU) é um dos mais utilizados internacionalmente para a indexação e recuperação por assunto em sistemas de informação de bibliotecas. A Classificação Universal foi criada por Paul Otlet e Henri La Fontaine, tendo como base a Classificação Decimal de Dewey, seguindo o conceito de que o conhecimento humano pode ser dividido em 10 classes principais, e estas, por sua vez, podem ser infinitamente divididas em uma hierarquia decimal (Quadro 2.4).

WWW.

» NO SITE

Para acessar a tabela CDU em português na versão "Sumário" com 2.000 entradas, das 68.000 da tabela completa, visite o ambiente virtual de aprendizagem. A tabela é resultado de um trabalho realizado pela Biblioteca Nacional de Portugal, disponibilizada pela licença Creative Commons.

Quadro 2.4 » **Principais divisões do Sistema Decimal Universal**

Classe	Área do conhecimento
0	Generalidades. Informação. Organização.
1	Filosofia. Psicologia.
2	Religião. Teologia.
3	Ciências Sociais. Economia. Direito. Política. Assistência Social. Educação.
4	Classe vaga.
5	Matemática e Ciências Naturais.
6	Ciências Aplicadas. Medicina. Tecnologia.
7	Arte. Belas-artes. Recreação. Diversões. Desportos.
8	Linguagem. Linguística. Literatura.
9	Geografia. Biografia. História.

Fonte: As autoras.

WWW

» NO SITE
Para visualizar a Tabela de Cutter Sanborn, acesse o ambiente virtual de aprendizagem.

» DEFINIÇÃO
Número de classificação é a codificação atribuída a determinada área do conhecimento com base em instrumentos como o CDD ou o CDU. Este número tem como finalidade organizar o acervo de forma que todos os documentos da mesma área do conhecimento fiquem reunidos fisicamente.

» Tabela de Notação de Autor

A Tabela de Notação de Autor, ou de Cutter Sanborn, tem a função de atribuir uma codificação para a autoria da obra pela notação do autor, que consiste no arranjo alfa-numérico que codifica (representa) a autoria da obra que está sendo classificada. Para o processamento da notação de autor, é necessário primeiramente determinar seu **número de classificação** geral, fazendo uso, para tanto, do sistema de classificação CDD ou CDU adotado pela biblioteca.

Em um segundo momento, a partir da determinação da autoria da obra, acessa-se a Tabela de Cutter Sanborn (2000) *online*, buscando o número referente à notação do autor. A partir das letras iniciais do sobrenome do autor ou nome da entidade, se for o caso, determina-se o número na Tabela de Cutter, constituindo a notação de autor. Este número deve ser antecedido da primeira letra do sobrenome do autor ou nome da entidade.

Dentre as características do código Cutter destacam-se a individualidade e singularidade do documento, a unicidade e a possibilidade dos processos de busca, controle e acesso aos documentos da coleção nas estantes.

Ao acessar a Tabela Cutter Sanborn (2000) é possível verificar que ela está organizada alfabeticamente, obedecendo as seguintes possibilidades:

1. O número de Cutter é composto pelas primeiras letras do sobrenome do autor (ou do ponto de acesso principal, por exemplo, a entidade) e a primeira letra do título da obra. É importante destacar que se desconsidera o artigo para a elaboração da notação do autor: o(s); a(s); um(ns); e uma(s), inclusive os artigos em outro idioma. Exemplo:

BANDEIRA, Pedro

212	Ban
213	Banc
214	Band
215	Bane
216	Bang

Tabela = 214 Band
Cutter = B214

No caso da obra de Pedro Bandeira *A Marca de uma Lágrima*, a notação do autor é composta pela primeira letra do sobrenome do autor (maiúscula), número de Cutter (conforme a tabela) e a primeira letra do título (minúscula), sem o uso do artigo.

Cutter = B214m

2. Em algumas situações, as primeiras letras do sobrenome não estão representadas na Tabela. Neste caso, a orientação é que seja utilizado o número das letras anteriores mais próximas. Exemplo:

VERÍSSIMO, Érico

515	Verhu
516	Veri
517	Verin
VERÍSSIMO, Érico	
518	Verj

Tabela = 517 Verin
518 Verj
Cutter = V517

Assim, a obra de Érico Veríssimo *Um Certo Capitão Rodrigo* terá a seguinte notação de autor: V517c.

3. Quando o autor possuir dois ou mais títulos que apresentem as mesmas iniciais, é necessário fazer uma diferenciação e manter a individualidade e unicidade da obra. Neste caso, deverá ser acrescentada outra letra do título. Exemplo:

Autor: Érico Veríssimo Título: (Um) Certo Capitão Rodrigo	Autor: Érico Veríssimo Título: Clarissa
Cutter = V517c	**Cutter** = V517cl

» DEFINIÇÃO
Número de chamada é o arranjo entre o número de classificação e a notação de autor para determinado documento, compondo a sua localização no acervo.

» IMPORTANTE
A catalogação e a classificação do acervo são atividades inerentes do bacharel em Biblioteconomia, em respeito à legislação profissional (Lei Federal nº 4.084, de 30 de junho de 1962, e a Lei Federal nº 9.674, de 25 de junho de 1998).

4. Quando o título da obra iniciar por números, a orientação é de que as iniciais do título sejam transformadas em palavras. Exemplo:

   1000 Perguntas e Respostas Sobre os Animais: 1000 = m.

5. Quando não for possível identificar a autoria da obra ou ela possuir mais de três autores ou, ainda, se for resultante do trabalho de eventos, utiliza-se a Tabela para a identificação do título e não é colocada a segunda letra após o número. Exemplo:

   Título: ENCICLOPÉDIA da fantasia: todas as fábulas
   Cutter = E56

6. Quando o sobrenome do autor for composto por grau de parentesco, a notação será elaborada pelo sobrenome acrescido do grau de parentesco. Exemplo:

   Luís Estabel Neto

   Estabel Neto= E79

» DICA
Em relação às biografias, cujo objetivo é reunir as obras de uma mesma pessoa, o Cutter deverá ser atribuído a partir do sobrenome do biografado e, em vez de colocar a primeira letra do título, será utilizada a primeira letra do sobrenome do biógrafo.

É importante destacar que há uma infinidade de situações de acordo com as peculiaridades de cada obra ou coleção. Assim, além dos exemplos apresentados, recomenda-se que o profissional esteja atento aos dados apresentados pela obra, sem perder o foco na padronização da organização da biblioteca atendendo aos critérios de unicidade e individualidade.

» Codificação cromática

A grande maioria das bibliotecas utiliza a CDD ou a CDU para classificar e organizar o acervo existente. No entanto, nas bibliotecas escolares e nas bibliotecas públicas, a classificação do acervo pela representação numérica dos assuntos, por meio dos símbolos utilizados pelo sistema de classificação, pode dificultar o acesso e a compreensão das crianças. A utilização da codificação cromática serve como excelente auxiliar na localização e no acesso do material procurado na biblioteca.

> A codificação cromática não exclui necessariamente o uso da CDD ou da CDU sendo que, pouco a pouco, o bibliotecário que atua em biblioteca escolar encarregar-se-á de familiarizar os usuários com o significado dos algarismos e símbolos daqueles sistemas, preparando-os para a utilização futura de outros tipos de bibliotecas. Portanto, ao definir a política para a organização da biblioteca escolar, deve-se buscar a significação e a clareza, mostrando aos usuários seu funcionamento e organização. (SCHEFFER; MORO; MORIGI, 2007, p. 7).

A codificação cromática teve suas primeiras aplicações, em Porto Alegre, na Biblioteca Pública Lucília Minssen, na administração da professora e bibliotecária Yvette Zietlow Duro, que trouxe a ideia da França. Mais tarde, a utilização da codificação cromática se estendeu para escolas estaduais na capital, ressaltando-se um projeto realizado em parceria com a Faculdade de Biblioteconomia e Comunicação da

UFRGS e a Secretaria de Estado de Educação que aplicaram o uso de cores por assuntos em 10 unidades do Sistema Estadual de Bibliotecas Escolares (SEBE).

A seguir, as autoras apresentam um exemplo de codificação cromática* elaborada a partir do texto de Simão, Schercher e Neves (1993) que reúne alguns assuntos de livros para exemplificar a organização na biblioteca. A notação do assunto ou o número de classificação identificado ao lado da etiqueta colorida é representado de acordo com a CDU.

Cor	Assunto
Amarelo	0 Generalidades. Informação. Organização 020 Bibliotecas. Biblioteconomia 030 Livros de Referência: Enciclopédias, Dicionários
Lilás	1 Filosofia
Laranja	159.9 Psicologia
Cinza	2 Religião. Teologia
Verde	3 Ciências Sociais
Marrom Verde	33 Economia
Marinho Verde	37 Educação
Vermelho	5 Ciências Naturais
Azul Vermelho	51 Matemática
Amarelo Vermelho	53 Física
Cinza Vermelho	54 Química
Verde Vermelho	57 Biologia
Marinho	6 Ciências Aplicadas. Medicina
Dourado Marinho	65 Organização e Administração
Cinza Marinho	681.3 Informática
Rosa	7 Arte. Desportos

* Veja, na parte interna da contracapa desta obra, a versão em cores.

Cores	Classificação
Dourado	8 Linguagem. Linguística
Marinho Dourado	802.0 Língua Inglesa
Vermelho Dourado	806.0 Língua Espanhola
Verde Dourado	806.9 Língua Portuguesa
Branco	81 Literatura
Marrom Branco	86 Literatura Estrangeira
Verde Branco	869.0(81) Literatura Brasileira
Amarelo Verde Branco	869.0(81)-1 Literatura Brasileira – poesia
Azul Verde Branco	869.0(81)-3 Literatura Brasileira – romance
Laranja Verde Branco	869.0(81)-34 Literatura Brasileira – conto
Rosa Verde Branco	869.0(81)-9 Literatura Brasileira – crônica
Vermelho Verde Branco	869.0(81)-91 Literatura Brasileira – outros gêneros
Marrom Azul	911 Geografia
Amarelo Azul	918.1 Geografia do Brasil
Laranja Azul	929 Biografia
Rosa Azul	93 História
Verde Azul	981 História do Brasil

Registro do acervo

O registro é o processo de tombamento de todo o material adquirido, seja por compra, permuta ou doação. O número de registro é dado pela entrada sequencial do exemplar na biblioteca. Cada volume recebe um número de registro. Este registro pode ser feito em um livro tombo, em fichas de registro, em arquivos A-Z ou em uma base de dados.

Os dados do registro do documento seguem uma ordenação que contém:

- Número de registro do exemplar;
- Data completa do registro (dia, mês e ano) da aquisição;
- Nome completo do(s) autor(es) da obra (iniciando pelo sobrenome separado por vírgula dos prenomes);
- Título e subtítulo (se houver);
- Número de edição (registra-se a partir da 2ª edição);
- Imprenta – é o registro do local da edição (cidade e estado ou país, se necessário), nome da editora e ano de publicação (ver exemplo no Quadro 5);
- Número do exemplar (no caso de haver mais de um);
- Forma de aquisição (compra, doação ou permuta) – no caso de aquisição por compra, pode-se registrar o valor da obra comprada;
- Localização da obra no arranjo do acervo registrando o número de chamada e, no caso de uso da codificação cromática, registrar a respectiva cor.

>> **IMPORTANTE**
O número de registro do documento é único e exclusivo e não tem substituição no caso de perda ou de registro de baixa, mesmo que haja substituição por outro exemplar idêntico, ou seja, que tenha os mesmos dados de identificação.

No Quadro 2.5 é apresentado um modelo de controle de registro com o preenchimento dos dados de identificação do documento, o que pode ser realizado de forma manual ou digital.

Quadro 2.5 >> **Modelo de controle de registro**

Nº de registro	Data	Autor(es)	Título	Edição	Imprenta: local, editora, data	Nº do ex.	Aquisição	Localização	Baixa
009	23/01/2013	NEVES, Iara C.B.; MORO, Eliane L. da Silva; ESTABEL, Lizandra B.	Mediadores de Leitura na Bibliodiversidade		Porto Alegre: Evangraf, 2012.	2	D	37.018.43:028 N518m (cor)	

Fonte: As autoras.

O exemplo da Figura 2.6 mostra um documento registrado no sistema de automação de bibliotecas, no caso, o Programa de Automação de Bibliotecas Personal Home Library (PHL):

> **» DICA**
> Para saber mais sobre *software* para automação de bibliotecas, veja a p. 134 desta obra.

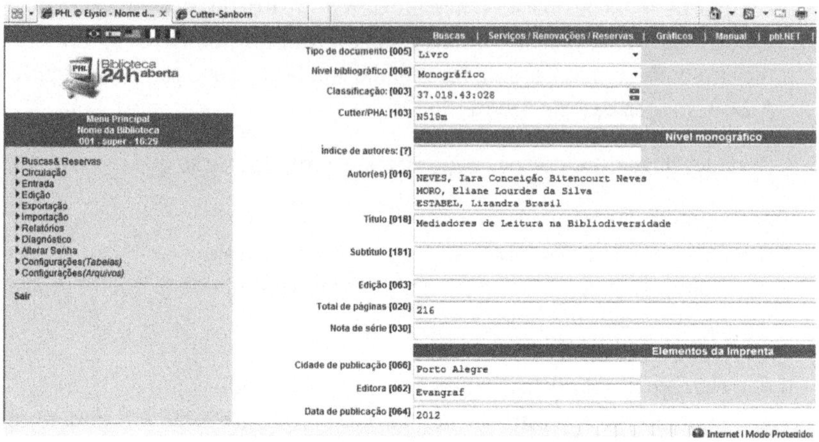

Figura 2.6 Modelo de controle de registro com o preenchimento dos dados no PHL.
Fonte: Oliveira (2013).

» Elaboração da lombada

A lombada contém o número de chamada e a codificação cromática, isto é, o endereço para a organização do documento no acervo, facilitando, dessa forma, o trabalho de quem realiza a guarda do material nas estantes e a sua localização por parte dos usuários. É importante que o profissional que atua na biblioteca eduque o leitor para o acesso e o uso da informação e das fontes disponíveis no local por meio da decodificação da lombada dos livros, propiciando maior autonomia de busca, satisfazendo a necessidade de informação e auxiliando na busca da informação desejada.

Veja, a seguir, o passo a passo para a elaboração da lombada de um livro:

1. Escolha uma mesa com espaço razoável para a execução do trabalho. Deixe à mão todo o material necessário:
   - Papel adesivo nas cores das grandes áreas do conhecimento, conforme tabela de Representação Cromática de Assuntos, ou fita colorida;

- Etiqueta para o número de chamada (no tamanho 33,9 mm × 101,6 mm);
- Caneta esferográfica, no caso de o número de chamada ser manuscrito. O número de chamada também pode ser datilografado, digitado ou impresso a partir de um *software* de automoção, dependendo da disponibilidade de recursos da biblioteca;
- Régua para medir a altura (3 cm) da base do livro;
- Estilete (cortar ao meio a etiqueta a fim de adaptá-la à espessura do livro);
- Fita adesiva transparente (45 mm x 45 mm).

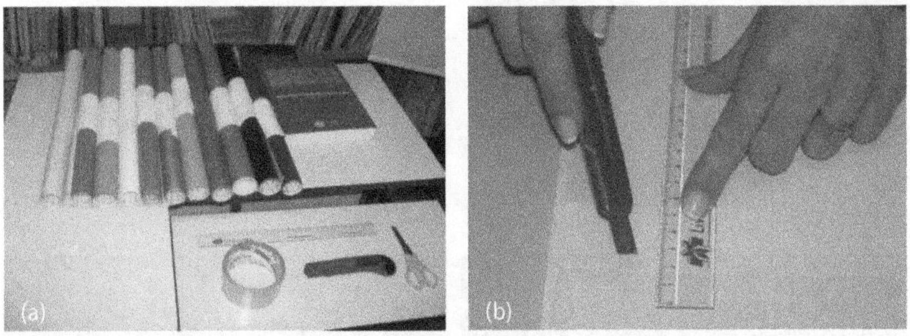

Figura 2.7 (a) Materiais necessários para a produção da lombada. (b) Cortar ao meio a etiqueta a fim de adaptá-la à espessura do livro
Fonte: Moro (2009).

2. Ainda com a etiqueta na cartela, registra-se o número de chamada do livro (classificação e notação de autor), determinados anteriormente, na sequência que segue:
   - Registra-se o número de classificação;
   - Coloca-se, abaixo deste, a notação de autor;
   - Se houver a utilização de outros elementos distintivos (número do exemplar, edição, ano de publicação), estes ficarão logo abaixo da notação de autor.

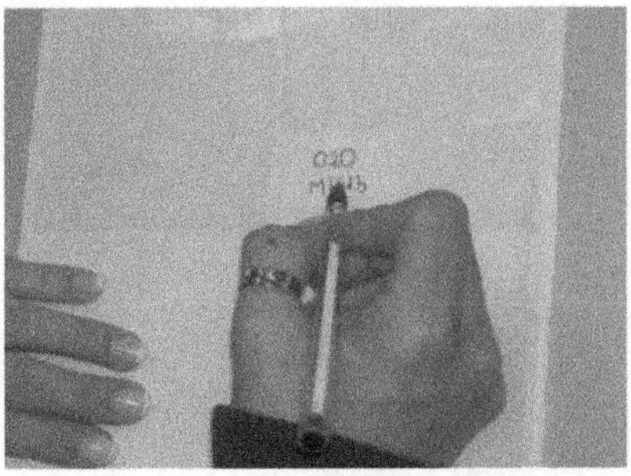

Figura 2.8 Escrever com caneta esferográfica visível o número de chamada do livro.
Fonte: Moro (2009).

3. Com a régua, mede-se 3 cm a partir da base do livro a fim de determinar o local adequado para fixar a etiqueta. Essa medida tem como finalidade garantir que os documentos apresentem a lombada no mesmo local em relação aos demais livros existentes nas estantes, seguindo um padrão e facilitando a visualização na recuperação destes.

Figura 2.9 Medir 3 cm a partir da base do livro.
Fonte: Moro (2009).

4. Ainda com o auxílio da régua, fixa-se a etiqueta preenchida na lombada do livro.

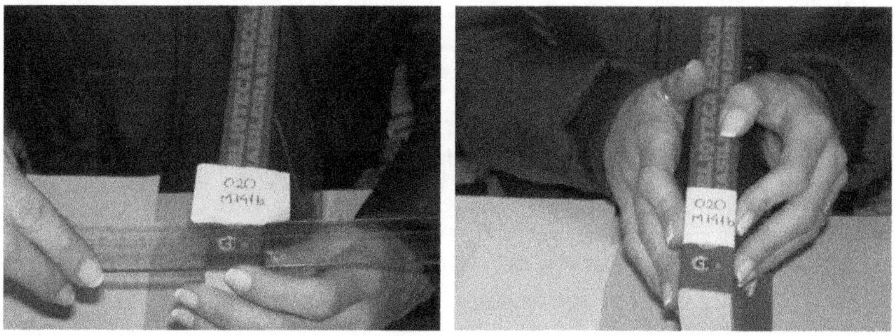

Figura 2.10 Colar a etiqueta na lombada.
Fonte: Moro (2009).

5. Mede-se no papel adesivo, de cor correspondente à área do assunto do documento da tabela cromática, uma tira de 1 cm pela medida da espessura da lombada do livro. Recorta-se. Pode-se também utilizar fita adesiva colorida.

Figura 2.11 Recortar 1 cm de papel adesivo colorido.
Fonte: Moro (2009).

6. Retira-se o papel de proteção do papel adesivo, fixando este acima da etiqueta da lombada.

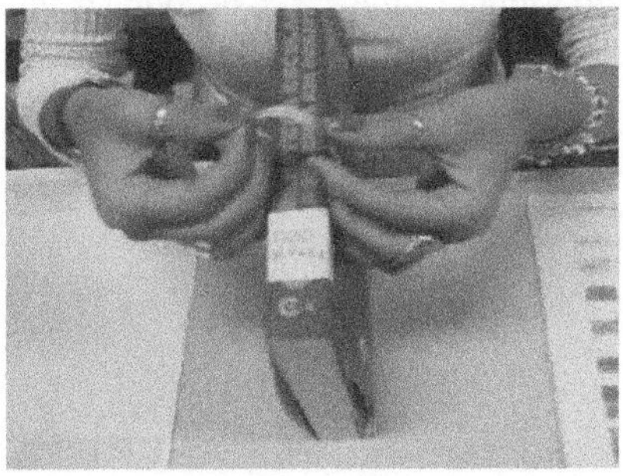

Figura 2.12 Fixar a etiqueta.
Fonte: Moro (2009).

7. Com o objetivo de proteger a lombada do desgaste causado pelo manuseio do usuário, deve-se fazer a blindagem da lombada (etiqueta e papel adesivo), com colocação de fita adesiva transparente. É importante que a fita cubra toda a lombada.

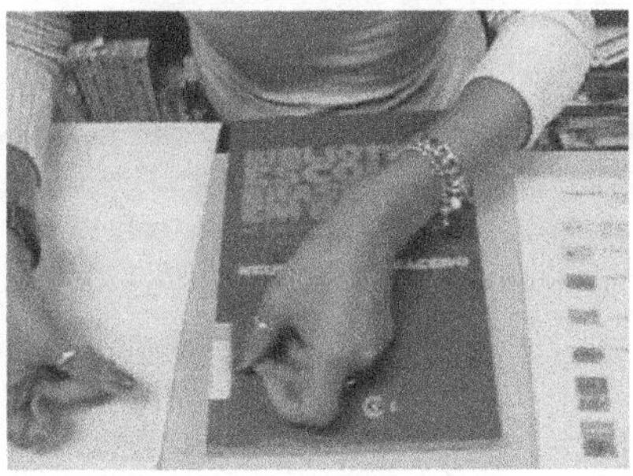

Figura 2.13 Blindar a lombada com fita adesiva larga.
Fonte: Moro (2009).

8. O livro está pronto para fazer parte da coleção do acervo, assim, de acordo com seu número de chamada, deve ser colocado no espaço correspondente da estante, seguindo a organização dos assuntos.

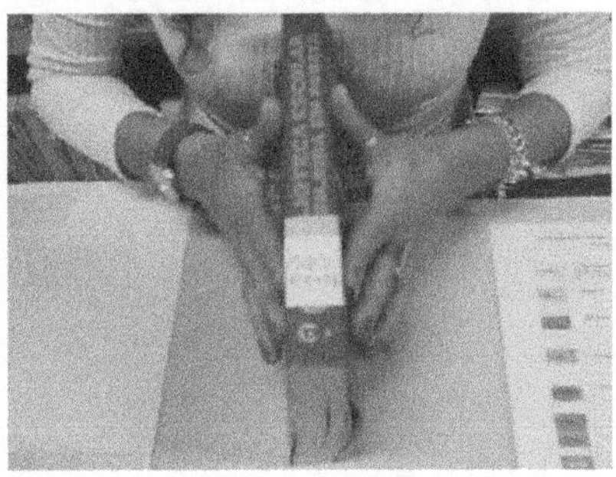

Figura 2.14 Finalizado o processo, o livro está pronto para ser colocado na estante.
Fonte: Moro (2009).

» IMPORTANTE

Após finalizar o processo de preparo dos livros, armazenando-os nas estantes, os materiais devem ser distribuídos seguindo o número de chamada da lombada, conforme o Sistema de Classificação Decimal Dewey ou o Sistema Decimal Universal.

Depois de ter registrado e carimbado o documento, é importante prepará-lo para o empréstimo. Este preparo vai depender se a biblioteca possui o empréstimo automatizado ou manual.

Algumas bibliotecas, ao automatizarem seus acervos, colam no documento apenas a papeleta de datas, onde é feito o registro da data de devolução do material. Quando o empréstimo é feito de forma manual, costuma-se colar um bolso na última página não impressa do livro para armazenar as fichas de empréstimos (data e autor).

A disposição dos livros nas estantes deve seguir a ordem numérica crescente (correspondente ao assunto), na direção da esquerda para a direita, de cima para baixo e em zigue-zague.

Agora é a sua vez!

1. Entre no ambiente virtual da aprendizagem para fazer um exercício sobre elaboração de registro.
2. O que deve ser levado em consideração na constituição do acervo de uma biblioteca?
3. Quais são as principais diferenças entre os processos de aquisição – compra, permuta e doação?
4. Identifique e caracterize os carimbos que devem constar nas publicações pertencentes a uma biblioteca.
5. Quais são as principais características da Classificação Decimal de Dewey e da Classificação Decimal Universal?

REFERÊNCIAS

BRASIL. *Lei nº 4.084, de 30 de junho de 1962*. Dispõe sobre a profissão de bibliotecário e regula seu exercício. Brasília: Presidência da República, 1962. Disponível em: <http://www.planalto.gov.br/ccivil_03/Leis/1950-1969/L4084.htm>. Acesso em: 20 set. 2013.

BRASIL. *Lei nº 8.666, de 21 de junho de 1993*. Regulamenta o art. 37, inciso XXI, da Constituição Federal, institui normas para licitações e contratos da Administração Pública e dá outras providências. Brasília: Presidência da República, 1993. Disponível em: <http://www.planalto.gov.br/ccivil_03/leis/l8666cons.htm>. Acesso em: 20 set. 2013.

BRASIL. *Lei nº 9.674, de 25 de junho de 1998*. Dispõe sobre o exercício da profissão de Bibliotecário e determina outras providências. Brasília: Presidência da República, 1998. Disponível em: <http://www.planalto.gov.br/ccivil_03/Leis/L9674.htm>. Acesso em: 20 set. 2013.

CARRIÓN GÚTIEZ, M. *Manual de bibliotecas*. 2. ed. Madrid: Pirámide, 1993.

FUNDAÇÃO BIBLIOTECA NACIONAL. *Biblioteca pública:* princípios e diretrizes. Rio de Janeiro: Fundação Biblioteca Nacional, 2000.

MORO, G. [*Fotografias*]. [S.l.: s.n.], 2009. Fotografias coloridas.

OLIVEIRA, E. M. S. *PHL.net*. [S.l.: s.n., 2013]. Disponível em: <http://www.elysio.com.br/>. Acesso em: 20 set. 2013.

SCHEFFER, E. M. K.; MORO, E. L. S.; MORIGI, V. J. *Fortalecendo elos, transformando cidadãos:* as relações entre a biblioteca escolar e a comunidade. Um estudo na Biblioteca Lourenço Filho em Porto Alegre – RS. Porto Alegre: UFRGS, 2007. Disponível em: <http://www.lume.ufrgs.br/bitstream/handle/10183/10232/000323645.pdf?>. Acesso em: 23 abr. 2013.

SIMÃO, M. A. R.; SCHERCHER, E. K.; NEVES, I. C. B. *Ativando a biblioteca escolar:* recursos visuais para implementar a interação biblioteca-usuário. Porto Alegre: Sagra DC Luzatto, 1993.

TABELA Cutter Sanborn. [S.l.: s.n.], 2000. Disponível em: <http://www.davignon.qc.ca/cutter1.html>. Acesso em: 20 set. 2013.

VERGUEIRO, W. C. S. *Desenvolvimento de coleções*. São Paulo: Associação Paulista de Bibliotecários, 1989.

Ângela Flach

capítulo 3

Conservação preventiva
Uma política necessária em bibliotecas

Este capítulo discute os aspectos essenciais relacionados às políticas de conservação preventiva que devem ser desenvolvidas em instituições detentoras de acervos bibliográficos, com o intuito de prolongar a vida útil das coleções. Serão apresentados os principais agentes de degradação dos acervos bibliográficos, junto com orientações sobre como minimizar os potenciais danos causados por esses agentes.

Objetivos deste capítulo

- Discutir a importância das políticas de conservação preventiva em bibliotecas.
- Identificar os principais agentes de degradação em acervos bibliográficos.
- Propor ações voltadas à preservação dos acervos.

As coleções que compõem os acervos de nossas bibliotecas na atualidade reúnem inúmeros tesouros bibliográficos, que estão sujeitos a diversos danos, correndo inclusive o risco de se perderem caso as políticas adotadas para a proteção desses materiais não estejam pautadas em ações corretas. Por essa razão, a conservação preventiva é entendida como uma das políticas mais eficazes e necessárias no que se refere à preservação dos acervos bibliográficos.

Mas o que significa promover medidas de conservação preventiva? Para responder a esta questão, é fundamental compreender a abrangência deste tipo de política. Conforme ponderam Froner e Rosado (2008, p. 18):

> Conservação, restauração e preservação, ainda hoje, são termos que se cruzam e se sobrepõem. Atualmente, percebemos que não basta resgatar, investigar, expor e até mesmo restaurar sem uma política preventiva anterior a estas operações. A deterioração de acervos em reservas, arquivos e exposições evidencia a falta dessa política. Operações mais drásticas nas intervenções de restauro e, até mesmo, a perda material desses documentos é o preço que se paga pelo não investimento na área de conservação preventiva: antes de ser uma área de conhecimento técnico, torna-se um compromisso ético das instituições. Por sua vez, a área de conservação e restauro tem priorizado a conservação preventiva em relação às técnicas de intervenção direta, como uma maneira de proteger a integridade material dos objetos.

>> PARA REFLETIR

Quais ações devem ser tomadas para auxiliar na preservação de acervos?

Nesse sentido, torna-se muito mais relevante adotar ações voltadas à preservação do conjunto das coleções do que investir em intervenções pontuais em determinados itens do acervo que, muitas vezes, se tornam ineficazes se não vierem acompanhadas de medidas que permitam garantir a integridade dos materiais quando estes retornam ao acervo após as intervenções específicas de conservação e/ou restauração.

Uma política de conservação preventiva exitosa deve contemplar ações que permitam, em primeiro lugar, diagnosticar as condições gerais de preservação do acervo, pois assim será possível propor as melhorias necessárias.

>> IMPORTANTE

É imprescindível conhecer o acervo e suas instalações físicas como um todo para fazer uma avaliação do conjunto e da multiplicidade de aspectos que podem influenciar a vida útil dos materiais.

Aspectos fundamentais da conservação preventiva dos acervos bibliográficos

Há diversos aspectos que interferem, em maior ou menor medida, na preservação das coleções dos acervos bibliográficos. Por isso, é importante identificar quais são os maiores agentes de degradação do acervo, a fim de obter os subsídios necessários à formulação de políticas capazes de minimizar os potenciais danos provocados por esses agentes.

Assim, os seguintes itens precisam ser especialmente observados:

- Fatores ambientais que causam a degradação do acervo;
- Agentes biológicos;
- Ação do homem;
- Situações de emergência, como incêndios e inundações.

Ressalta-se que o acervo de uma biblioteca é formado essencialmente por materiais confeccionados em suporte papel, o qual exige cuidados específicos para sua preservação.

> A qualidade do papel é determinante da longevidade do livro. Por natureza, o papel não é um material inerte; a conservação de papéis de baixa qualidade representa um desafio, e mesmo os melhores papéis requerem tratamento cuidadoso. (DORNING; BALL, 2005, p. 159).

Portanto, a preservação de obras em suporte papel sempre é um desafio muito grande, uma vez que, além de todos os fatores extrínsecos que podem causar danos a este suporte, existem também os fatores intrínsecos, relacionados ao próprio processo de fabricação do papel utilizado na confecção dos livros. A baixa qualidade deste tipo de suporte certamente é um dos elementos que mais dificulta o sucesso das ações voltadas a sua preservação.

Fatores ambientais

A iluminação, a temperatura, a umidade relativa e a qualidade do ar são os principais fatores ambientais que interferem na preservação do acervo. Se as bibliotecas não tiverem algum mecanismo de controle, esses fatores podem se tornar grandes complicadores, trazendo muitas dificuldades para implementar ações voltadas à conservação preventiva do acervo.

Iluminação

Seja natural ou artificial, a iluminação, via de regra, é prejudicial em acervos formados essencialmente pelo suporte papel, uma vez que este suporte, por suas características e composição química, sofre um processo de degradação quando exposto à luz. De acordo com Seripierri et al. (2005, p. 23):

> Qualquer exposição à luz, mesmo por breve período de tempo, causa danos, e esses danos são cumulativos e irreversíveis, já que as reações iniciadas pelo efeito da luz continuam a ocorrer mesmo depois de removida a causa.

A **radiação ultravioleta (UV) é a mais danosa ao acervo**. Esta radiação, emitida pela luz solar e também por lâmpadas fluorescentes, provoca o envelhecimento precoce do papel, tornando-o quebradiço, amarelado e escurecido. A ação da luz também provoca o esmaecimento das tintas, podendo prejudicar a leitura dos materiais. Para evitar este tipo de dano ao acervo, é importante protegê-lo da ação direta dos raios solares com a instalação de cortinas, persianas e filtros protetores, que podem ser colocados nos vidros das janelas e em lâmpadas fluorescentes. Também é importante evitar que a iluminação incida de modo perpendicular sobre as estantes.

Já em exposições organizadas pelas bibliotecas, sejam elas de curto, médio ou longo prazo, os seguintes detalhes precisam ser observados, segundo Cassares (2000):

- Expor um objeto valioso por períodos curtos de tempo;
- Manter o nível de luz o mais baixo possível;
- Evitar a colocação de lâmpadas dentro de vitrines;
- Proteger objetos com filtros especiais;
- Certificar-se de que as vitrines sejam feitas de materiais que não danifiquem os documentos.

Qualidade do ar

A qualidade do ar é outro elemento que interfere nas condições ambientais do acervo. Os poluentes do ar encontrados na biblioteca podem ter origem no ambiente externo (a chamada poluição atmosférica), ou mesmo no ambiente interno da biblioteca (neste último caso, associada à aplicação de vernizes, tintas ou ceras que liberam gases prejudiciais ao acervo).

Deve-se, portanto, evitar a utilização destes materiais na biblioteca, além de manter rotinas de higienização do acervo. A última medida é importante para eliminar a poeira acumulada, pois ela contém partículas de poluentes atmosféricos que aceleram o processo de degradação do papel.

Temperatura e umidade relativa

A falta de controle da temperatura (T) e a umidade relativa (UR) elevada ou mesmo muito baixa são fatores bastante prejudiciais à integridade dos livros. O papel é um material higroscópico, ou seja, absorve a umidade quando está em um ambiente muito úmido, liberando-a quando passa para um ambiente seco. Isso provoca a expansão e/ou contração de suas fibras.

>> **IMPORTANTE**
O índice recomendado de temperatura para uma biblioteca deve ser o mais próximo possível dos 20ºC. Já a umidade relativa deve ficar em torno de 50%.

Os papéis comerciais também possuem em sua composição um componente denominado **lignina**, que acelera o seu processo de degradação, tornando-o amarelado e ácido. Níveis elevados de T e UR, associados à falta de circulação de ar no acervo, também facilitam o desenvolvimento de fungos, que rapidamente podem causar uma infestação no ambiente. Já um nível muito baixo de UR contribui para tornar o papel quebradiço.

O maior desafio encontrado pelos países de clima tropical com relação aos índices de temperatura e umidade relativa é justamente o de evitar grandes e bruscas variações nesses índices. As variações climáticas trazem grandes dificuldades para a manutenção de um ambiente "estável" e eficaz para a preservação do acervo. Muitas vezes, é preferível manter os níveis de temperatura e umidade relativa de um acervo em condições que não sejam exatamente as ideais, mas que proporcionem uma menor oscilação desses níveis, do que propiciar índices ideais de T e UR em alguns períodos, sem, no entanto, conseguir manter esses índices ideais de forma constante ao longo do dia e também ao longo do ano.

As oscilações superiores a 3ºC na temperatura e as superiores a 10% no índice de umidade relativa do ambiente já são capazes de promover a degradação do papel. E essa variação é verificada com frequência, em todas as estações do ano, o que dificulta a tarefa de manter índices estáveis de T e UR.

>> **DICA**
A partir das informações levantadas, deve ser planejada a melhor forma de controle dos índices de temperatura e umidade relativa na biblioteca.

A medição dos índices de T e UR é feita com um aparelho chamado **termo-higrômetro**, que mede simultaneamente estes dois índices e pode ser adquirido pelas bibliotecas com relativa facilidade. Este aparelho, no entanto, serve unicamente para monitorar as condições ambientais do acervo, não sendo considerado um instrumento de controle de T e UR.

Também é imprescindível localizar as **potenciais fontes de umidade**, como infiltrações nas paredes ou no teto, ou mesmo a existência de rios ou lagos nas proximidades, pois tudo isso vai interferir nas condições ambientais do acervo. O controle da umidade relativa poderá ser feito com a instalação de desumidificadores, se o local for muito úmido, ou de umidificadores, caso o acervo esteja em um ambiente muito seco. Para locais pequenos, como armários e mapotecas, uma boa alternativa é utilizar um absorvente de umidade, como a sílica-gel, para manter o ambiente seco e evitar a proliferação de fungos.

Já o **controle da temperatura** poderá ser feito por meio de ventiladores e sistemas de ar-condicionado. De toda forma, qualquer solução adotada deve sempre ser resultado de um planejamento prévio, que leve em conta as especificidades de cada espaço e avalie qual é o método mais adequado e que oferece as melhores condições para garantir um ambiente estável.

» Agentes biológicos

Dentre os agentes biológicos causadores de degradação em acervos destacam-se os fungos, os roedores e os insetos. Esses agentes causam danos sérios e às vezes irreversíveis aos livros, o que exige a necessidade de vistorias periódicas para a identificação de possíveis infestações.

Fungos

A proliferação de fungos, também denominados mofos ou bolores, está relacionada a condições ambientais inadequadas (T e UR elevadas), associadas à falta de circulação de ar e de rotinas de limpeza. A reprodução dos fungos ocorre por meio de esporos e, se houver uma conjugação desses fatores, ou seja, um ambiente favorável, rapidamente pode surgir uma infestação no acervo.

Por outro lado, se as condições ambientais forem desfavoráveis à proliferação, os esporos dos fungos tornam-se dormentes e deixam de prejudicar o acervo. As seguintes medidas servem para evitar a proliferação de fungos nos acervos (CASSARES, 2000):

- Estabelecer política de controle ambiental, principalmente temperatura, umidade relativa e ar circulante, mantendo os índices o mais próximo possível do ideal e evitando oscilações acentuadas;
- Praticar a higienização tanto do local quanto dos documentos, com metodologia e técnicas adequadas;
- Instruir o usuário e os funcionários com relação ao manuseio dos documentos e regras de higiene do local;
- Manter vigilância constante dos documentos contra acidentes com água, secando-os imediatamente caso ocorram.

Roedores

Além da contaminação por fungos, as bibliotecas também enfrentam problemas com roedores no acervo. Um indício claro de que há este tipo de infestação é a presença de fezes, que podem ser encontradas nas estantes, no chão ou mesmo sobre os livros. Os ratos e as ratazanas são em geral atraídos por restos de comida, e, quando atacam o acervo, provocam grande destruição. Estes roedores também causam doenças nas pessoas e, por isso, é necessário ter muita cautela ao lidar com este tipo de infestação.

A melhor maneira de evitar a presença de roedores nos acervos é verificar se todos os acessos ao prédio ficam bem fechados. Isso inclui a vedação de eventuais frestas entre portas e janelas e a instalação de ralos que não tenham abertura suficiente para a passagem de roedores. Além dessas medidas, o acervo precisa ser mantido limpo e o lixo deve ser recolhido com regularidade, evitando principalmente o acúmulo de restos de comida.

Insetos

Os insetos são outra categoria de agente biológico que causa preocupação em bibliotecas. Eles são atraídos ao acervo pela celulose presente na composição do papel, pelas colas, em especial a de amido, e por eventuais restos de alimentos deixados nos livros pelos usuários. Conheça os principais tipos de insetos presentes nos acervos.

» IMPORTANTE
Manter o ambiente limpo, sem acúmulo de lixo e resíduos de alimentos e sem focos de água parada, e controlar as condições ambientais são medidas que previnem a ação de todos os agentes biológicos encontrados nas bibliotecas.

- **Brocas:** são causadoras de danos muito sérios ao acervo. Tratam-se de insetos com metamorfose completa (ovo – larva – pupa – fase adulta), e é na fase de larvas que perfuram as folhas, deixando-as com um formato rendilhado, que pode impossibilitar a leitura do livro. Muitas vezes se instalam na biblioteca por meio de materiais que não passaram por uma verificação minuciosa antes de serem incorporados ao acervo. O indício de que há materiais contaminados por brocas é a presença de um pó fino sobre a estante. Nesse caso, deve-se retirar o material contaminado e isolá-lo, verificando de forma periódica as estantes próximas. A higienização dos livros infestados não deve ser feita em local próximo do acervo, para que seus ovos não se espalhem no ambiente. Manter uma rotina de higienização do acervo é a melhor maneira de prevenir e identificar este tipo de ataque, permitindo que as medidas cabíveis sejam tomadas antes que o acervo sofra uma infestação significativa.
- **Cupins:** assim como as brocas, os cupins também apresentam grande potencial de destruição em um acervo. Esses insetos vivem em colônias muito bem organizadas e podem chegar ao acervo por meio de galerias construídas através do solo, de tubulações, de rodapés, e até mesmo do concreto. Os materiais armazenados em armários de madeira têm de ser cuidadosamente monitorados, e também deve haver especial cuidado com caixas que estejam diretamente sobre o chão. Para combater estes insetos, é necessário buscar o auxílio de profissionais especializados, capazes de tomar as medidas necessárias para chegar até seus ninhos, pois de nada adianta eliminar um foco da infestação no acervo sem eliminar a colônia que deu origem a esta infestação.
- **Baratas:** chegam ao acervo atraídas por restos de alimentos, especialmente quando as condições do ambiente e da higiene do local não são as ideais. Elas se instalam em espaços escuros e úmidos e se reproduzem facilmente no próprio acervo. Atacam a superfície dos livros e das encadernações, deixando-os com as extremidades roídas, além de provocar manchas nos materiais devido à deposição de seus excrementos. A melhor maneira de prevenir este tipo de ataque é manter uma rotina efetiva de higienização do local, controlando também todas as aberturas existentes. Como medida de controle, é possível instalar iscas em diferentes pontos do ambiente.
- **Traças:** assim como as baratas, atacam a superfície dos materiais, desbastando papéis, couros e fotografias. É possível identificar o dano causado observando

os papéis contra a luz, que ficam mais transparentes. Têm hábitos noturnos, e nem sempre é fácil identificar sua presença, pois se escondem nos mais diversos locais, inclusive entre as folhas dos livros. Para prevenir este tipo de inseto, recomenda-se manter o acervo higienizado e controlar a umidade do ambiente. A utilização de sachês contendo ervas aromáticas, como alecrim, mangerona, sálvia, arruda, louro e orégano, também é eficaz na prevenção.

Dentre os agentes biológicos que afetam os acervos, os ratos, as brocas e os cupins certamente são os que causam danos mais graves às coleções, pois seu ataque apresenta alto potencial de destruição dos materiais. Já o contato com material contaminado por baratas e ratos pode ser muito prejudicial à saúde, uma vez que estes animais transmitem diversas doenças às pessoas. Por essas razões, ao lidar com materiais que estejam infestados, é imprescindível a utilização de equipamentos de proteção individual adequados. Também é importante fazer vistorias periódicas no entorno do prédio e em áreas de depósito. Assim, além de manter o ambiente interno sob controle, previne-se a infestação por focos externos de agentes biológicos que causam danos ao acervo.

» Ação do homem

A ação do homem danifica o acervo pelo manuseio incorreto, pelo acondicionamento e/ou armazenamento inadequado dos materiais e até por atos de furto e vandalismo. Em geral, o próprio homem é o causador dos maiores danos ao acervo: são inúmeras as ações realizadas de forma intencional ou não, que podem reduzir a vida útil dos livros.

Manuseio incorreto

Com relação ao manuseio, os seguintes procedimentos causam a degradação dos livros:

- Efetuar consertos utilizando fitas adesivas, que deixam o papel manchado e acidificado;
- Apoiar-se com os cotovelos sobre o livro durante a leitura, pois a repetição desta ação poderá fragilizar gradativamente a estrutura do livro;
- Consumir alimentos e bebidas junto ao material de consulta, pois qualquer resquício de alimentos atrairá insetos ao acervo;
- Guardar no interior dos livros materiais como folhas de jornal e flores, que deixam o papel manchado e acidificado;
- Utilizar clipes metálicos e canetas marca-texto para destacar partes do livro, pois os clipes causam a oxidação do papel e as canetas marca-texto deixam o papel mais acidificado;
- Fotocopiar o livro, já que a repetição desta ação poderá fragilizar a estrutura do livro;

- Fazer dobras nas folhas para marcá-las, o que torna o papel mais fragilizado e quebradiço;
- Manusear o material de consulta com as mãos sujas, pois isso ocasiona manchas e pode atrair insetos;
- Retirar o livro da estante pela parte superior da lombada, o que gradativamente faz a lombada se soltar da capa do livro. O correto é retirá-lo sempre pelo meio da lombada, empurrando para trás os dois livros de cada lado, e segurando pelo meio o que será retirado.

Acondicionamento inadequado

No que diz respeito ao armazenamento e ao transporte dos livros, é necessário ficar atento a alguns detalhes que contribuem para evitar a degradação dos livros:

- Evitar o acondicionamento do acervo em armários de madeira. O ideal é utilizar estantes de metal esmaltado, para evitar cupins;
- Impedir a superlotação das prateleiras, pois os livros não devem ficar muito apertados na estante;
- Prevenir a inclinação de livros na prateleira. O correto é mantê-los na posição vertical, utilizando bibliocantos com superfície lisa e formato arredondado. As obras volumosas devem ser guardadas na posição horizontal, empilhadas em até três volumes;
- Reforçar o cuidado com livros com encadernação frágil ou danificada, que devem ser amarrados com um cadarço de algodão ou então armazenados em caixas de proteção individual, confeccionadas em papel de qualidade arquivística;
- Afastar as estantes ou os armários das paredes. O ideal é deixar um distanciamento de no mínimo 7 cm das paredes, para evitar o contato direto com a umidade. A disposição das estantes também deve ser organizada de modo que permita uma boa circulação do ar entre elas;
- Distanciar as prateleiras de livros do chão, mantendo a última prateleira da estante a, pelo menos, 15 centímetros do chão. Isso evita o contato dos livros da última prateleira com a umidade do chão e também protege o acervo em caso de ocorrer algum acidente com água na biblioteca;
- Ter cuidado com o transporte de livros, não superlotando o carrinho, para evitar a queda de volumes. Já em caso de transporte com a utilização de caixas, convém utilizar modelos resistentes e, da mesma forma, cuidar para que estas não fiquem superlotadas, com o consequente empilhamento exagerado de volumes.

Furto e vandalismo

O furto e a depredação dos materiais são problemas enfrentados por todas as bibliotecas. As soluções, muitas vezes, não podem ser efetivadas em curto prazo, exigindo investimentos específicos para garantir maior segurança às coleções.

> O que fazer com essa crescente investida criminosa contra os acervos bibliográficos das bibliotecas brasileiras? Não dá para conviver passivamente com revistas cortadas, livros recheados de cópias xerox em substituição às páginas arrancadas, baixa nos registros de livros por motivo de furto. É preciso mobilizar a comunidade através de uma ação cultural que, trazendo no bojo uma campanha educacional, sensibilize os usuários em favor da preservação e da manutenção dos acervos. (LIMA, 1998, p. 180).

A questão que se coloca, portanto, é como agir para minimizar este problema? Algumas sugestões que trazem bons resultados são a instalação de sistemas antifurto e a disponibilização de armários do tipo guarda-volumes, para que o usuário ingresse na biblioteca com poucos materiais de uso pessoal.

Outras iniciativas que trazem bons resultados são:

- Identificar os usuários que ingressam na biblioteca;
- Controlar os locais de consulta dos usuários;
- Colocar as regras de funcionamento da biblioteca em local visível e garantir que elas sejam do conhecimento dos usuários;
- Disponibilizar um serviço eficiente de fotocópia, com horário de atendimento que permita atender aos usuários de forma satisfatória, o que pode diminuir a ocorrência de danos aos livros.

O investimento em ações que minimizem as possibilidades de degradação do acervo no que se refere à ação do homem é fundamental. No entanto, todas essas ações devem ser implementadas sempre em conjunto com campanhas educativas para conscientizar o usuário sobre a importância de zelar pelos materiais de consulta. Somente pela conjugação destes dois fatores é que será possível diminuir ou mesmo eliminar os problemas decorrentes das intervenções inadequadas do homem.

» Emergências em bibliotecas

Os incêndios e as inundações são as situações de emergência que causam os maiores danos em uma biblioteca, podendo levar a uma perda total do acervo. Enfrentar uma situação de emergência não é uma tarefa simples, e a prioridade deve ser garantir, em primeiro lugar, a segurança das pessoas. Por isso, o investimento em um planejamento detalhado de ações capazes de prevenir este tipo de desastre é muito importante, bem como a ação rápida e eficiente, caso ocorra um acidente desse tipo na biblioteca.

As ações que forem planejadas nesse sentido devem estar formalizadas em um documento que reúna, dentre outras, informações como:

- Prioridades de salvamento no acervo;
- Telefones de contato das pessoas que deverão ser chamadas em caso de emergência;

- Telefones de fornecedores de materiais e serviços que poderão ser úteis;
- Localização dos equipamentos a serem utilizados em uma emergência.

As informações contidas neste documento devem ser do conhecimento de toda a equipe de trabalho e necessitam de revisão e atualização periódicas. Se a biblioteca possui sistemas de detecção de fumaça, de alarme contra incêndio e de extinção de incêndio (*sprinklers*), estes sistemas devem passar por um controle rigoroso para que efetivamente funcionem caso ocorra um sinistro.

» **IMPORTANTE**
Quanto mais rápida for a ação em casos de emergência, menores serão os danos causados ao acervo.

Também é imprescindível manter um *kit* para auxiliar em caso de emergências que contenha, entre outros, os seguintes itens:

- Luvas de borracha;
- Esponjas;
- Lonas;
- Lanternas;
- Estoque de papel toalha ou papel jornal em branco, que pode ser utilizado para auxiliar na secagem de documentos.

No que se refere à **prevenção** de incêndios e alagamentos, em primeiro lugar, devem ser listados os potenciais riscos ao acervo, como:

- Idade da fiação elétrica do prédio;
- Qualidade do sistema de encanamento;
- Condições estruturais do prédio;
- Capacidade das instalações elétricas no que se refere ao atendimento da demanda dos equipamentos eletrônicos;
- Características do entorno do prédio, como a existência de árvores muito próximas, riscos que possam ser oferecidos por prédios vizinhos, suscetibilidade da região a alagamentos, entre outros.

Com base nessas informações, será possível delinear a melhor maneira de reduzir os potenciais riscos, bem como as formas de ação em situações que exigem atuação rápida, por exemplo, um curto-circuito, o entupimento de calhas ou o vazamento de canos. A equipe de trabalho deve contar com pessoas treinadas para manusear extintores de incêndio e realocar e/ou proteger o acervo em caso de algum vazamento.

Essas ações devem estar combinadas a rotinas simples de prevenção de desastres, como o desligamento dos equipamentos eletrônicos ao final do expediente, a proibição do fumo dentro da biblioteca e a colocação de caixas de livros a uma distância razoável do chão, dentre outras.

Nos casos em que a prevenção não foi suficiente, e as equipes têm de lidar com o material molhado, é necessário agir com rapidez. Se os livros estiverem em um local sem controle ambiental, há grande risco de ocorrer uma infestação por fungos. Por isso, é necessário fazer a secagem dos materiais em um ambiente com boa circulação de ar e com as mais baixas temperatura e umidade possíveis.

A **secagem ao ar livre** é uma alternativa quando não há um volume muito grande de obras danificadas. Conforme apresentado por Ogden (2001), esta secagem é muito trabalhosa e deve ser realizada da seguinte forma:

- Acondicionar os materiais em um ambiente limpo, seco, com temperatura abaixo de 21ºC e umidade relativa abaixo de 50%;
- Manter o ar circulando por meio de ventiladores;
- Dispor os documentos sobre mesas, chão ou mesmo em varais de secagem de roupa. Em caso de secagem de documentos em papel cuchê, as folhas devem ser separadas com filme de poliéster para que não colem umas nas outras;
- Utilizar papel toalha ou papel jornal em branco para envolver os materiais e intercalar entre as folhas dos livros, pois este material auxilia na absorção da umidade. Deve-se, no entanto, substituir com frequência as folhas umedecidas por outras secas;
- Verificar a umidade da região interna dos livros, próximo das costuras, pois ali poderão se desenvolver focos de mofo mesmo quando o restante do livro já estiver seco.

Além da secagem ao ar livre, existem outros métodos, como a desumidificação e as secagens por congelamento e a vácuo (Quadro 3.1).

Quadro 3.1 » **Métodos de secagem**

Desumidificação	Caracterizado pela instalação de grandes desumidificadores comerciais no ambiente.
Por congelamento	Método no qual os livros úmidos ou moderadamente molhados são colocados em uma câmara frigorífica de congelamento rápido.
Térmica a vácuo	Consiste na colocação do material danificado em câmaras de secagem térmica a vácuo.
Por congelamento a vácuo	Possibilita que os livros sequem por meio de uma câmara de congelamento a vácuo.

Fonte: A autora.

» **IMPORTANTE**
Independentemente do tipo de intervenção, os materiais danificados não voltarão a apresentar suas condições anteriores.

Estes métodos em geral são mais dispendiosos e nem sempre é possível encontrar empresas que ofereçam estes serviços. Também é necessário consultar um especialista na área antes de decidir sobre a melhor solução a ser adotada em caso de acidentes com água e/ou fogo no acervo.

Rotinas de higienização em acervos

>> **IMPORTANTE**
A higienização, por possibilitar a realização de um diagnóstico geral das condições de preservação do acervo, pode ser utilizada como importante ferramenta para o planejamento de ações posteriores.

A higienização em uma biblioteca é imprescindível para garantir o bem estar das coleções, devendo "[...] ser um hábito de rotina na manutenção de bibliotecas ou arquivos, razão por que é considerada a *conservação preventiva* por excelência." (CASSARES, 2000, p. 26). Contudo, qualquer planejamento voltado à higienização não pode estar dissociado da utilização de equipamentos de proteção individual (EPIs).

Ao higienizar o acervo (PALETTA; YAMASHITA; PENILHA, 2005), é importante dispor dos seguintes itens para serem utilizados pelos funcionários da biblioteca: óculos de proteção; máscara e toucas protetoras para a cabeça; avental ou jaleco; luvas descartáveis e propés ou botas.

Investir na **aquisição de EPIs** é fundamental para garantir a saúde da equipe de trabalho, pois, sem o uso correto dos equipamentos de proteção, podem surgir reações alérgicas no corpo, rinites, irritação nos olhos e até outros problemas de saúde mais graves, dependendo do tipo de contaminação que pode estar presente nos materiais.

>> **DICA**
A higienização pode ocorrer por meio de mutirões realizados em períodos do ano em que a instituição recebe um número menor de frequentadores.

A **implantação de uma política de higienização** rotineira na biblioteca traz inúmeras vantagens, pois, ao mesmo tempo em que se higieniza o material, é possível verificar se há infestações no acervo, além de identificar itens danificados (como capas, costuras e/ou folhas soltas ou rasgadas) e que necessitam de alguma intervenção.

A periodicidade e a forma com que serão desenvolvidas as atividades de higienização dependem, em grande medida, da disponibilidade da equipe e do tempo que leva para que o pó se acumule sobre os materiais, que varia conforme as características de cada espaço físico. Porém, mesmo que a equipe de trabalho seja reduzida, é importante implantar a prática de higienização como uma atividade rotineira da biblioteca.

A higienização do espaço deve ser realizada da seguinte forma:

- Limpar o piso e as estantes com o auxílio de aspirador de pó;
- Evitar a varrição do piso para que a poeira não seja espalhada;
- Usar somente pano úmido no piso;
- Utilizar, nas estantes, pano umedecido em uma solução de água com álcool a 50% e, após, passar um pano seco sobre a superfície;

- Recolocar os livros na estante somente depois de a estante estar bem seca;
- Abrir as janelas para acelerar a secagem.

Já a **limpeza dos livros** não deve ser realizada no próprio acervo. A melhor opção é que esta tarefa seja executada em uma mesa de higienização, mas se isso não for possível, é recomendável que a limpeza seja feita em uma sala arejada, sobre uma mesa forrada com papel jornal em branco. O ideal é que esta ação seja feita em duplas, com a retirada dos livros sendo iniciada de cima para baixo nas prateleiras. É importante tomar cuidado para que os livros sejam colocados no carrinho e higienizados na mesma ordem em que se encontravam na prateleira.

Os materiais mais comumente utilizados para a higienização dos livros são: EPIs; trinchas e pincéis do tipo broxinha; flanelas; bisturi; pinça e aspirador de pó.

Além de ter os materiais à disposição para realizar a higienização das obras, é necessário também seguir alguns cuidados essenciais:

- A limpeza sempre deve iniciar pela parte mais suja, ou seja, na parte superior do livro, e a trincha deve ser passada no sentido contrário de quem limpa;
- O pincel do tipo broxinha é recomendado para remover sujeiras mais incrustadas que se depositam sobre a cabeça do livro;
- Durante a limpeza, o livro deve ser segurado de forma inclinada para a frente, e com firmeza, para evitar que a poeira penetre entre suas folhas;
- O aspirador de pó com proteção no bocal também pode ser utilizado; porém, não é recomendado para livros fragilizados, com partes soltas ou rasgadas;
- Após limpar o corte da cabeça, deve-se passar a trincha sobre os cortes do pé e da frente do livro, no sentido da lombada para fora;
- As capas são higienizadas com o auxílio de trinchas e flanelas, e é recomendado ainda que se limpe as primeiras e as últimas folhas do livro, pois em geral estes são os locais que concentram maior sujidade;
- O bisturi e a pinça são úteis para auxiliar na remoção de sujeiras incrustadas, mas é preciso ter cuidado para não danificar o material;
- Em acervos onde se mantém a higienização como uma rotina, pode ser suficiente higienizar, além da capa e contracapa, somente as folhas de guarda ou folhas de rosto do livro;
- Finalizada a limpeza, o livro deve ser segurado pelo meio da lombada e folheado algumas vezes, do início para o fim, ou vice-versa, para que o ar possa circular entre as suas folhas, procedendo assim à aeração da obra.

WWW.

» NO SITE

Para entender melhor o universo da conservação preventiva em bibliotecas e arquivos, assista ao vídeo no ambiente virtual de aprendizagem.

!

» IMPORTANTE

Se for encontrado algum tipo de infestação no livro, deve-se higienizar todas as suas folhas e verificar os volumes acondicionados próximos a ele na estante. Nesse caso, convém manter este item fora da estante, "em quarentena", para ter certeza de que a eliminação da infestação foi eficiente.

WWW.

» NO SITE

Para conhecer mais sobre conservação e restauração de acervos, acesse o ambiente virtual de aprendizagem.

Agora é a sua vez!

1. Cite os aspectos que interferem na conservação dos acervos.
2. Quais são os agentes biológicos de degradação em acervos bibliográficos?
3. Enumere as vantagens de uma política de higienização.
4. De que forma os fatores ambientais podem interferir no acervo?
5. Quais são os fatores que causam maior dano às bibliotecas?

REFERÊNCIAS

CASSARES, N. C. *Como fazer conservação preventiva em arquivos e bibliotecas.* São Paulo: Arquivo do Estado; Imprensa Oficial, 2000. (Projeto Como Fazer, 5).

DORNING, D.; BALL, S. Conservação de livros. In: MUSEUMS, LIBRARIES AND ARCHIVES COUNCIL. *Conservação de coleções.* São Paulo: EDUSP; Vitae, 2005. p. 159-171.

FRONER, Y. A.; ROSADO, A. *Princípios históricos e filosóficos da conservação preventiva.* Belo Horizonte: LACICOR – EBA – UFMG, 2008. (Tópicos em Conservação Preventiva, 2).

LIMA, J. A. Depredação: uma cultura contra as bibliotecas brasileiras. *Informação & Sociedade: estudos*, v. 8, n. 1, p. 179-194, 1998.

OGDEN, S. (Ed.). *Administração de emergências.* 2. ed. Rio de Janeiro: Projeto Conservação Preventiva em Bibliotecas e Arquivos; Arquivo Nacional, 2001. Disponível em: <http://www.arqsp.org.br/cpba/pdf_cadtec/20_25.pdf >. Acesso em: 26 nov. 2012.

PALETTA, F. A. C.; YAMASHITA, M. M.; PENILHA, D. F. Equipamentos de Proteção Individual (EPIs) para profissionais de bibliotecas, centros de documentação e arquivos. *Revista Digital de Biblioteconomia e Ciência da Informação,* v. 2, n. 2, p. 67-79, 2005.

SERIPIERRI, D. et al. *Manual de conservação preventiva de documentos:* papel e filme. São Paulo: EDUSP, 2005.

LEITURA RECOMENDADA

BRITISH LIBRARY. National Preservation Office. *Preservação de documentos:* métodos e práticas de salvaguarda. Salvador: EDUFBA, 2000.

Eliane Lourdes da Silva Moro
Lizandra Brasil Estabel
Ariel Behr

capítulo 4

Gestão em bibliotecas

Este capítulo propõe uma reflexão sobre a importância da gestão no dia a dia de qualquer organização e, mais especificamente, em uma biblioteca. São apresentados o fluxo de gestão da biblioteca, englobando o planejamento, a análise e a busca por melhoria contínua na qualidade dos serviços prestados.

Objetivos deste capítulo

- Reconhecer a importância da gestão na formação do profissional da área.
- Identificar as principais práticas existentes no fluxo lógico de gestão de uma organização.
- Comparar as principais ferramentas de gestão que podem ser utilizadas em uma biblioteca.

A realidade da sociedade da informação e do conhecimento e o domínio das tecnologias de informação e de comunicação (TICs) transformaram o universo das bibliotecas e dos serviços de informação. O desenvolvimento de coleções das bibliotecas no passado estava mais focado na quantidade de itens que compunham este acervo do que na sua qualidade. Nos dias atuais, as bibliotecas incluem as TICs também como fonte de informação, e o desempenho da biblioteca é avaliado de acordo com os serviços e produtos que oferece, bem como os resultados que alcança no atendimento a usuários, e não somente pela coleção que possui.

Diante desse novo cenário, é necessário que o pessoal qualificado que atua na biblioteca (de certa forma, gestores de informação) utilize instrumentos de avaliação do seu desempenho e da qualidade dos serviços que prestam. Essa avaliação visa a obter elementos para fundamentar decisões, planejar, avaliar e analisar cenários e, ainda, oferecer serviços que atendam de forma objetiva às necessidades informacionais dos usuários.

www.

» NO SITE
Para ampliar seus conhecimentos sobre a Declaração de Princípios, acesse o ambiente virtual de aprendizagem.

Nesse aspecto, a Cúpula Mundial da Sociedade da Informação (CMSI) recomenda, na Declaração de Princípios e no seu plano de ação (2003), que é essencial desenvolver as capacidades e garantir a familiarização com as TICs, que podem contribuir para a educação de todos no mundo inteiro. A declaração aconselha que a formação dos profissionais da informação não deve se centrar exclusivamente em novos métodos e técnicas para a criação e a preservação de novos serviços de informação e comunicação, reforçando a importância da formação em técnicas de gestão voltadas à melhor utilização destas tecnologias. Afirma que todos devem ter as atitudes necessárias para aproveitar plenamente os benefícios da sociedade da informação e, por isso, as TICs são essenciais e contribuem para o ensino universal, por meio do ensino e da formação de professores, a oferta de melhores condições para a aprendizagem continuada que abrangem as pessoas que estão excluídas do ensino oficial e o aperfeiçoamento das ações e competências profissionais.

A qualidade dos serviços da biblioteca está voltada, então, para identificar, de forma consistente, as **necessidades do usuário**, partindo da percepção e das expectativas que este apresenta em relação ao funcionamento e à prestação de serviços e recursos informacionais.

A biblioteca é presença significativa em uma sociedade democrática que segue os preceitos da sociedade da informação e do conhecimento, em espaços disponíveis para as comunidades das quais fazem parte crianças, adolescentes, jovens, adultos e idosos, estudantes, profissionais e pesquisadores que necessitam da biblioteca para o acesso ao conhecimento e novas aprendizagens, além de atender as suas necessidades de informação.

Por esse motivo, enquanto ambiente de aprendizagem e de construção do conhecimento, a biblioteca deve propiciar ao usuário a autonomia de um sujeito ativo nesse processo. Ou seja, deve permitir a sua participação e colaboração, por exemplo, na política de acervos e no desenvolvimento de coleções, no planejamento e na decisão de leiaute, na adoção e adaptação do sistema de informação que realiza buscas e análises do acervo, no serviço de referência e informação presencial e virtual, entre outras atividades. Os profissionais que atuam na biblioteca e os usuários compartilham e constroem a biblioteca juntos, em um contínuo processo de colaboração e de cooperação.

A **proatividade** no âmbito da biblioteca não é somente antecipar a oferta daquilo que "a maioria" deseja, mas também é preparar-se para receber e atender os desejos e as necessidades de "algum" e possibilitar voz ao sujeito. A biblioteca se transforma em um espaço democrático e personalizado por meio da prestação de serviços de qualidade que buscam satisfazer o usuário, permitindo que este se integre ao espaço e crie vínculos que despertem o sentimento de pertença.

Assim, a gestão na biblioteca contempla a **análise do ambiente** (interno e externo) e a **elaboração de estratégias de melhoria contínua dos serviços** prestados. Parece simples, mas é uma ação que precisa ser sistematizada e realizada de forma essencialmente técnica. Por isso, neste capítulo, apresentamos o fluxo da gestão da biblioteca, contemplando conceitos e formas de planejar, fazer, analisar e melhorar o ambiente da biblioteca por meio da ação de sua equipe.

Essas ações de gestão pretendem formar competências nos profissionais que atuam nas bibliotecas, levando-os a reflexões sobre a necessidade de novas atitudes onde o fluxo de informações é constante, mas mutável. Formar essas competências com qualidade diferencia o profissional e, mais do que isso, diferencia a biblioteca que conta com esse profissional, beneficiando o usuário, que é acolhido e tem suas necessidades atendidas.

A gestão na formação do profissional

A biblioteca, assim como outros serviços de informação, deve ser gerenciada com competência, buscando atender seus objetivos e melhorar sempre que possível a qualidade dos serviços prestados. Um princípio de Kaplan e Norton (2004) diz que o que não é medido, não é gerenciado, logo, o que se busca em uma disciplina de gestão é desenvolver no profissional que atua na biblioteca o hábito de mensurar o desempenho do seu trabalho, para posteriormente agir nos pontos vistos como oportunidades de melhoria. Parte-se do entendimento de que as bibliotecas fazem parte de uma organização maior: a escola, os órgãos culturais, a universidade, a empresa, entre outros, sendo esta organização a responsável por prover e distribuir os recursos (humanos, financeiros, de infraestrutura, etc.) julgados necessários para cada atividade.

Nesta perspectiva, a competência do profissional da biblioteca, enquanto parte da gestão de um setor da organização, cresce em importância, pois é sua atribuição perceber o que os usuários necessitam e transmitir esta necessidade na forma correta (documento ou formulário específico) ao responsável por descentralizar os recursos. Logo, o bibliotecário realiza a tradução de "necessidades em investimentos", o que o transforma, além de um gerente de informações, em um gerente de um ambiente que exige constantes inovações práticas e materiais.

Para esse fim, algumas ferramentas de gestão "[...] auxiliam o bibliotecário a planejar, organizar e avaliar seus serviços, apresentando resultados que indiquem qualidade nos serviços prestados." (BEHR; MORO; ESTABEL, 2008, p. 34). Essas ferramentas serão abordadas neste capítulo, pois a grande proposta de uma disciplina de gestão está em mostrar ao profissional da biblioteca uma face do seu encargo profissional, muitas vezes negligenciada: a gestão buscando melhorias no ambiente da biblioteca.

>> Qualidade em serviços de informação

>> **IMPORTANTE**
A disponibilidade, a apresentação pessoal e a clareza de comunicação são essenciais para a avaliação da qualidade de um serviço por parte do usuário.

Quando tratamos da qualidade de um serviço de informação, o primeiro aspecto a ser considerado é que o prestador entregará ao seu usuário **informação**, ou seja, esse prestador deve ter as competências necessárias para manipular e acessar esse objeto de interesse dos usuários. Mas é essencial falarmos que a qualidade percebida pelo usuário estará especialmente centrada no fato de estar sendo prestado um **serviço**, e isso remete a algumas premissas. MacDonald (1994 apud VERGUEIRO, 2002, p. 38) mostra no Quadro 4.1 as diferenças existentes entre a busca da qualidade de um serviço e de um produto.

Essas diferenças fazem da prestação do serviço um trabalho muito criterioso e repleto de pontos que merecem atenção. Primeiro, é importante verificar que, no momento em que se presta um serviço, o prestador está em contato direto com

Quadro 4.1 » **Diferenças entre produtos e serviços**

Produto	Serviço
O cliente recebe um produto tangível na forma de bens que podem ser vistos e tocados	O cliente recebe um serviço intangível que pode satisfazê-lo ou não
Os bens permanecem com o cliente	Os serviços são consumidos no momento de seu fornecimento
A produção e a entrega dos bens são normalmente separados	A produção, a entrega e o consumo ocorrem frequentemente ao mesmo tempo
Poucos produtores têm contato com os clientes	A maioria dos produtores tem contato com os clientes
O cliente raramente se evolve na produção	O cliente é frequentemente envolvido nos serviços
Os bens podem ser objeto de serviço posterior de conserto e reparação	Os serviços já foram consumidos e não podem ser reparados
Os bens podem ser objeto de garantia, mas o produtor tem maior oportunidade para atenuar os efeitos no cliente e assim diminuir a penalidade financeira	É difícil refazer os serviços que não atendem aos requisitos – o impacto financeiro é normalmente total
Os bens podem ser comprados para ser armazenados de modo a satisfazer as necessidades do cliente	Os serviços não podem ser armazenados, mas podem ainda estar disponíveis para a demanda do cliente
Os bens podem ser transportados para o ponto de venda	Alguns serviços são transportáveis, mas a maioria requer o transporte do provedor do serviço
É relativamente fácil para os clientes avaliar a qualidade dos bens	A qualidade do serviço depende mais da percepção subjetiva e da expectativa
Com frequência, os bens são tecnicamente complexos – o cliente sente-se mais dependente do produtor	Os serviços parecem menos complexos – o cliente sente-se qualificado para argumentar com o fornecedor

Fonte: Vergueiro (2002).

o cliente. Esse contato faz do serviço algo muito individualizado, uma vez que deve se adaptar e atender particularmente as necessidades daquele usuário. Opostamente, um produto admite a padronização de características, com o cliente adaptando-se a ele. Apesar das diferenças, destaca-se uma característica comum entre os dois: tanto o produto quanto o serviço devem buscar atender ao maior número de necessidades de seus usuários, para satisfazê-lo o máximo possível.

A determinação da qualidade de um serviço tem várias faces. A primeira e fundamental é que o prestador deve ter o **conhecimento e as competências necessárias** para realizá-lo. A transformação dessas competências naquilo que o usuário deseja é então o primeiro aspecto a ser considerado para dar qualidade ao serviço.

Outro fator está em transmitir ao usuário a segurança necessária de que ele será atendido da melhor maneira possível. Essa segurança é o que gerará no usuário a **confiança** no prestador do serviço, sensação que muitas vezes só se apresenta quando o usuário toma conhecimento do histórico do prestador. Assim, reforça-se a relevância de controlar e registrar as ações realizadas e os resultados atingidos.

Exemplificando: pense em uma videolocadora próxima de sua residência, que conta com serviço de entrega e busca e diversas unidades dos filmes mais procurados, em um ambiente limpo e acessível e com bom atendimento. Além disso, o horário de atendimento é condizente com a disponibilidade dos clientes e alguns serviços são oferecidos pela internet. A experiência do cliente em alugar um filme nessa locadora, sendo ele bem atendido e ficando satisfeito, é a melhor propaganda que a locadora pode fazer, e é o que permite que seu cliente perceba e divulgue a qualidade do negócio.

» Fluxo da gestão direcionada pela estratégia

Um fluxo lógico de práticas de gestão serve para diversos ambientes organizacionais, incluindo as bibliotecas. São práticas de avaliação e correção contínua do desempenho inspiradas em uma lógica de **PDCA**. Essa sigla, geralmente apresentada na forma de um ciclo, reduz os verbos em inglês *to Plan, to Do, to Check* e *to Act* que, em português, costumam ser traduzidos por Planejar, Fazer (ou Desenvolver), Avaliar (ou Checar) e Agir Corretivamente (ou, simplesmente, Corrigir).

A forma de ciclo sugere que as quatro fases do PDCA sejam feitas em sequência, começando pelo "P", chegando ao "A", e voltando para o "P" novamente. A Figura 4.1 ajuda a ilustrar esse ciclo, explicado a seguir.

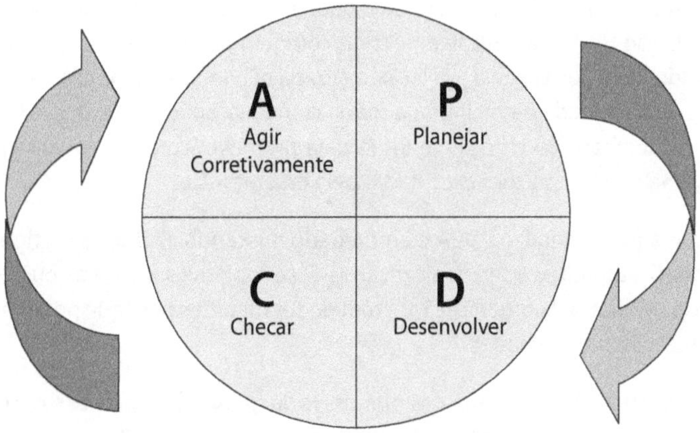

Figura 4.1 Ciclo PDCA.
Fonte: Behr, Moro e Estabel (2010).

Cada fase possui uma razão específica, porém não tem um tempo certo para acontecer. Assim, o foco do gestor deve estar em garantir que cada fase seja bem feita, sem se preocupar tanto com a velocidade de sua execução. A seguir, as principais características de cada fase:

- Planejar (P): momento inicial do ciclo, onde as ações e seus respectivos objetivos são esboçados. Várias atividades da organização são contempladas nesta etapa, por exemplo, a definição de metas, objetivos, métodos, procedimentos, rotinas, entre outras. Quando a fase de Planejar é feita em grupo, em geral as definições decorrentes são definidas e pactuadas entre o grupo, o que gera maior coesão nas ações individuais e maior comprometimento. Por isso, esse tipo de planejamento é o ideal. Todavia, as organizações mais verticalizadas (com maior influência hierárquica) tendem a planejar de forma mais individualizada.
- Fazer/Desenvolver (D): fase em que, de fato, a ação planejada é realizada. Nesse momento, as competências técnicas sobre a execução da ação são exigidas do(s) executor(es), e deve ser feito um registro da forma como essa ação foi realizada. É esse registro de "como" foi feita a ação que permite as fases seguintes, daí a importância desta etapa.
- Avaliar/Checar (C): etapa em que os executores, ou os responsáveis específicos por essa atividade, avaliam os resultados atingidos com a ação e a forma como ela foi executada. Nesta fase são comparados os resultados da ação com os objetivos desejados e, caso não sejam alcançados esses objetivos, será fundamental a fase seguinte do ciclo. Se os objetivos foram alcançados, deve-se fazer um registro.

- Agir Corretivamente (A): fase na qual os executores verificam o relatório da avaliação realizada na fase anterior e corrigem algum eventual problema verificado. Algumas vezes, a avaliação realizada não indica um problema, mas sim uma oportunidade de melhorar a forma como a ação foi implementada. Assim, essa última fase do ciclo serve tanto para promover correções quanto para realizar melhorias nas ações executadas pela organização.

De uma forma geral, o PDCA é empregado buscando alinhar as práticas da organização aos objetivos a serem alcançados. Esses objetivos, em geral, buscam a melhoria do resultado da organização, e têm de ser medidos para que possam ser revistos ou mais bem trabalhados.

Essa lógica de PDCA é uma das premissas da **gestão por processos**, sendo aplicável em qualquer ambiente que esteja preocupado em melhorar sistematicamente suas ações. Isso porque as ações serão sempre planejadas, desenvolvidas, avaliadas e corrigidas, e assim sucessivamente.

» Fluxo da gestão aplicado

De forma um tanto sintética, sugerimos aqui o uso de algumas **ferramentas de gestão**, que estão mais bem explicitadas em Behr, Moro e Estabel (2008). Para facilitar o entendimento desse fluxo, apresentamos a Figura 4.2.

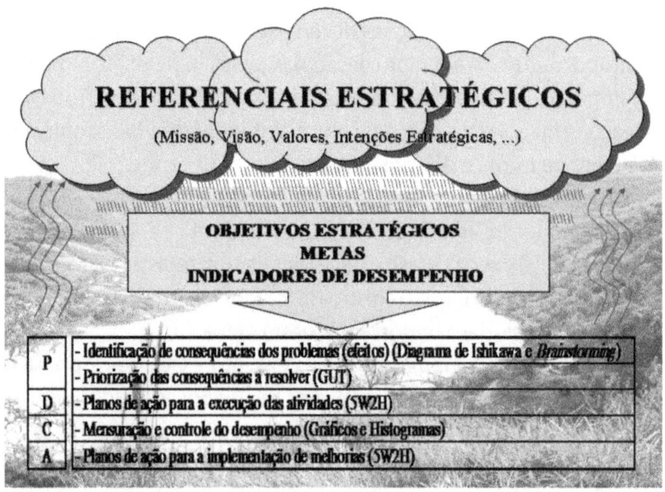

Figura 4.2
Fluxo da estratégia e sua implementação.
Fonte: Behr, Moro e Estabel (2010).

É possível verificar, por meio da Figura 4.2, que os **Referenciais Estratégicos** são aquelas ideias e definições que estão acima da definição de Objetivos Estratégicos, Metas e Indicadores de Desempenho. Esses referenciais, geralmente definidos pela alta gestão, afirmam:

- A razão de existência da organização (Missão);
- A imagem do futuro que a organização deseja para si (Visão);
- As ideias e crenças pelas quais as pessoas da organização se guiam (Valores);
- As ambições da organização que permitem atingir e implementar de forma permanente essas definições estratégicas (Intenção Estratégica).

Após definidos esses referenciais, a colocação deles em prática exige a definição dos seguintes itens:

- Ações que devem ser realizadas e os resultados a serem atingidos (Objetivos Estratégicos);
- Nível de resultados individuais e dos setores da organização que se quer atingir (Metas);
- Informações que serão consideradas para calcular, mensurar e avaliar esses Objetivos e Metas (Indicadores de Desempenho).

Após colocados em prática, ou seja, após implementados os **Objetivos Estratégicos,** as **Metas** e os **Indicadores de Desempenho**, a organização deverá se preocupar com a execução e melhoria de seu desempenho.

Retomando a lógica do PDCA, no momento em que é implementada a estratégia, o controle sobre o desempenho é fundamental para que se promovam melhorias na organização. E sendo bem definida a estratégia, essa melhoria pode ser vista como o constante alinhamento das práticas da organização às suas definições estratégicas e aos seus referenciais estratégicos.

Assim, quando o desempenho da organização estiver saindo do caminho que levará ao cumprimento das definições estratégicas, é dever do gestor recolocar a organização no caminho correto. Mas como fazer isso se o desempenho não estiver sendo medido e controlado? Aí renova-se a importância dos Indicadores de Desempenho e utiliza-se uma sequência de ferramentas de gestão, como no fluxo a seguir:

- Diagrama de Ishikawa e *Brainstorming*: utilizados para identificar os problemas e suas causas;
- Matriz de Priorização GUT (Gravidade, Urgência e Tendência): prioriza os problemas a serem resolvidos;
- 5W2H: cria planos de ação para a execução das atividades alinhadas à estratégia;

- Gráficos e Histogramas dos Indicadores de Desempenho: mensuram e controlam novamente o desempenho da organização;
- 5W2H: cria novos planos de ação para a implementação de melhorias nas atividades da organização.

A analogia expressa na Figura 4.2 é a de que os Referenciais Estratégicos funcionam como a água da chuva que molha e nutre um solo produtivo e um rio, que depois evapora e permite que chova novamente. Esses referenciais, além de nutrir, guiam a definição de Objetivos, Metas e Indicadores de Desempenho, bem como norteiam a execução das fases de Planejar, Fazer, Avaliar e Agir Corretivamente (PDCA).

Os Referenciais Estratégicos norteiam o PDCA, pois, como um sinal meteorológico na lavoura, sempre que uma decisão deve ser tomada, ou uma ação implementada, eles têm de servir de balizadores. Por exemplo, se um dos valores da organização é agir de forma ética ou com responsabilidade socioambiental, nenhuma decisão ou ação da organização deve indicar algo diferente disso.

» Ferramentas da qualidade aplicadas na biblioteca

Uma biblioteca também se caracteriza por sua função pedagógica, uma vez que abrange uma ampla "clientela", com variados públicos, de diversos níveis de escolaridade. Os usuários, ao buscarem o ambiente da biblioteca, muitas vezes estão procurando um aconselhamento de leitura, um ambiente propício ao estudo e à aprendizagem, mas acima de tudo, um local com profissionais da informação dispostos a ajudá-lo.

Assim, **o profissional que atua na biblioteca tem a função de educador**, além da função de gestor. Esses dois papéis não se dissociam facilmente, pois, na prática, se confundem com o exercício comprometido em atingir resultados para a biblioteca – quando a biblioteca está realmente preocupada em cumprir sua função pedagógica, todos trabalharão pensando na melhor forma de cumprir esse papel, gerindo suas atividades.

Nesse sentido, algumas ferramentas ganham destaque no apoio ao controle dos resultados atingidos ou desejados. Os detalhes acerca da implantação dessas ferramentas no âmbito da biblioteca são apresentados em Behr, Moro e Estabel (2008). Neste capítulo, vamos ilustrar os resultados da utilização de uma dessas ferramentas, a Matriz de Priorização GUT, por uma bibliotecária do Rio de Janeiro.

No exemplo que segue, avaliamos a aplicação da Matriz GUT por uma bibliotecária. Este exemplo foi escolhido pois serve para ilustrar bem a realidade daquela biblioteca, e também para que conheçamos a hierarquia de relevância dos problemas com que ela lida. Por vezes um mesmo tipo de problema é classificado de forma diferente em um local e em outro, o que é bastante entendível uma vez que mudam os gestores, os usuários, suas necessidades e a estratégia. Mas apesar dessa singularidade, a priorização feita serve de exemplo para outras realidades e serve de ilustração para que os gestores daquela biblioteca justifiquem suas ações.

A aplicação da Matriz (Figura 4.3) é dividida em quatro dimensões (**material**, **método**, **mão de obra** e **máquina**) para apresentar de modo organizado e respectivo, as causas de equipamentos/infraestrutura, de organização do trabalho, de pessoal e de forma de trabalho para o problema verificado de que "os alunos não frequentam a biblioteca". O uso dessa Matriz objetiva analisar a Gravidade, a Urgência e a Tendência dos problemas enfrentados pela biblioteca. Cada problema deve ser ponderado com uma nota de 1 a 5 para cada critério, sendo a nota 1 destinada àqueles problemas com menor Gravidade, Urgência ou Tendência de se perpetuar, e a nota 5 para aqueles mais preocupantes. Ao final, soma-se o resultado dos três critérios e as somas mais altas serão as primeiras prioridades da gestão na resolução de problemas.

OS ALUNOS NÃO FREQUENTAM A BIBLIOTECA	G	U	T	Total	Priorização
MATERIAL					
Espaço físico pequeno e desconfortável	3	3	4	10	4°
Inexistência de identificação do material	3	4	5	12	3°
Falta de diversificação de material	4	4	5	13	2°
Ausência de periódicos	4	4	5	13	2°
Ausência de climatização	2	3	4	9	5°
Indisponibilização de literatura atualizada	5	5	5	15	1°
MÉTODO					
Inexistência de planejamento e organização	5	5	5	15	1°
Ausência de critérios de avaliação e seleção do acervo	4	5	5	14	2°
Ausência de política de indexação/classificação	4	4	5	13	3°
Falta de estudos de usuários	3	3	4	10	4°
Inexistência de tombo ou registro	4	4	5	13	3°
Inexistência de cadastro de usuários	4	4	5	13	3°
MÃO DE OBRA					
Inexistência de bibliotecária	5	5	5	15	1°
Falta de pessoal	5	4	4	13	3°
Desconhecimento de técnicas de incentivo à leitura	4	4	4	12	4°
Perda de interesse	3	3	3	9	5°
Falta de qualificação	5	4	5	14	2°
Falta de estímulo do corpo docente	5	4	4	13	3°
MÁQUINA					
Ausência de trabalho e marketing	2	3	4	9	4°
Inexistência de catálogo físico ou virtual	5	4	4	13	1°
Inexistência de computador	4	4	4	12	2°
Inacessibilidade à internet	4	3	4	11	3°
Falta de promoção da biblioteca	3	5	5	13	1°
Não familiarização com as TIs pelos docentes	4	4	4	12	2°

Figura 4.3
Exemplo de Matriz GUT.
Fonte: Behr et al. (2011).

A aplicação da Matriz de Priorização GUT, conforme a Figura 4.3, apresenta cinco itens prioritários que propiciam condições, a quem analisa a ferramenta, de verificar as carências e necessidades da biblioteca escolar em questão, mesmo sem atuar diretamente nela.

Na dimensão referente ao material, como primeira prioridade é identificada a **indisponibilidade de literatura atualizada**, ou seja, a falta e/ou carência de acervo literário atualizado para leitura e consulta dos usuários da biblioteca. Coincidiram como segunda prioridade a **falta de diversificação de material** e a **ausência de periódicos**, referindo-se especificamente à ausência de material significativo e relevante ao processo de ensino e aprendizagem, no qual a biblioteca se torna um ponto central, auxiliando professores e alunos por meio de materiais de leitura e de informação atualizados.

Na terceira prioridade aparece a **inexistência de identificação do material**, dificultando, o acesso aos títulos, autores e assuntos procurados pelos usuários da biblioteca escolar, aumentando a dedicação e a paciência do professor ou funcionário que atende a biblioteca, quando se faz necessário localizar, em pouco tempo e com qualidade, o material que os usuários solicitam. O **espaço físico pequeno e desconfortável** caracteriza-se como a quarta prioridade, mostrando a necessidade de ampliação e de normas de conforto ambiental para o oferecimento de um ambiente adequado, aprazível e aconchegante aos frequentadores da biblioteca escolar. Finalizando este item, na quinta prioridade está a **ausência de climatização**, que vai ao encontro do ambiente confortável e que auxilia na prevenção do acervo bibliográfico.

Na sequência das análises, a dimensão de **método** é a segunda aplicada pela bibliotecária, totalizando mais uma vez seis indicações de prioridades, havendo empate entre três delas. Como primeira prioridade, a **inexistência de planejamento e organização** denota a necessidade de um profissional competente e habilitado para realizar o planejamento na organização dos serviços da biblioteca escolar. Na segunda prioridade está a **ausência de critérios de avaliação e seleção do acervo**, repercutindo na qualidade e na quantidade de acervo existente e disponível para acesso e uso da comunidade escolar. Como terceira prioridade, houve um empate de pontuação no que se refere à **ausência de política de indexação/classificação**; **inexistência de tombo ou registro**; e **inexistência de cadastro de usuários**. Esses fatores são essenciais para a eficiência e qualidade dos serviços de atendimento aos usuários e reforçam a necessidade do profissional habilitado. Na quarta prioridade aparece a **falta de estudos de usuários**, que pode ser compreensível e justificável pelas situações apresentadas nos itens anteriores.

A dimensão de **mão de obra** apresenta seis itens em cinco prioridades. Como primeira prioridade, a **inexistência de bibliotecária** aponta a necessidade da contratação dessa "mão de obra especializada" para a qualidade dos serviços de gestão. Como segunda prioridade nesta dimensão, surge a **falta de qualificação**, referindo-

-se ao atendimento da biblioteca por pessoas sem a qualificação profissional de bibliotecário. Na terceira prioridade empatam dois itens com a mesma pontuação: a **falta de pessoal** e a **falta de estímulo do corpo docente**, constatando-se que, além da falta de pessoal qualificado e habilitado na biblioteca escolar, os professores de sala de aula não frequentam a biblioteca, nem dão incentivo para que os alunos a visitem, denotando que a leitura e a pesquisa escolar, dentre tantas outras atividades que deveriam ser realizadas na sala de aula e na biblioteca, não acontecem. A quarta prioridade apresenta o **desconhecimento de técnicas de incentivo à leitura**, evidenciando a ausência de profissionais e/ou especialistas de literatura para desenvolver atividades de estímulo à leitura junto aos professores e aos alunos da instituição. Como quinta prioridade está a **perda de interesse**, denotando a baixa, ou quase inexistente, frequência de usuários da comunidade escolar, professores e alunos, uma vez que não há uma ação da biblioteca, ou o atendimento adequado, que estimule o acesso e o uso.

A última dimensão verificada se refere à **máquina**, abrangendo também a apresentação de seis itens em cinco prioridades. A primeira prioridade dessa dimensão identifica a **inexistência de catálogo físico ou virtual**, dificultando a informação do acervo existente na biblioteca escolar. A segunda prioridade apresenta duas necessidades com a mesma pontuação, portanto, empatadas: **inexistência de computador** e a **não familiarização com as Tecnologias da Informação (TIs) pelos docentes**. Este reporte caracteriza e justifica a não frequência dos alunos à biblioteca. A **inacessibilidade à internet** é tida como terceira prioridade, tendo em vista a ausência e/ou inexistência de computadores e de acesso à internet na biblioteca. As prioridades quarta e quinta apontam, respectivamente, a **ausência de trabalho de marketing** e a **falta de promoção da biblioteca**, ambos em razão da falta de pessoal qualificado, como evidenciado nos itens anteriores.

Algumas vezes a classificação de uma causa para o problema poderia ser colocada em outra dimensão, mas isso faz parte da subjetividade com que é montada a ferramenta. Segundo Behr, Moro e Estabel (2008, p. 34), as ferramentas de gestão, como a Matriz de Priorização GUT, caracterizam-se como "[...] instrumentos para identificar oportunidades de melhoria e auxiliar na mensuração e apresentação de resultados, visando o apoio à tomada de decisão por parte do gestor de determinado processo.". Partindo da visão de que a biblioteca é uma organização, Freitas et al. (1997) deixam ainda mais clara a necessidade da função decisória ao afirmarem que a tomada de decisões é crucial para uma organização, pois esta atividade acontece a todo tempo, em todos os níveis, e influencia diretamente a *performance* da gestão organizacional. Assim, fica evidente que a função do pessoal técnico transcende as paredes da biblioteca, pois suas ações influenciam diretamente a comunidade que tem, em seu acervo e em seu serviço, um caminho para a informação.

» *Benchmarking* e indicadores de desempenho para bibliotecas

> **» DEFINIÇÃO**
> Técnica simples e altamente eficaz. Seu significado é traduzido como "referencial comparativo", que consiste em ter, para cada atividade, um alvo ou uma fonte de comparação; ou seja, *benchmarking* nada mais é do que a ação de **identificar boas práticas**.

> **» DICA**
> Também encontramos *benchmarkings* em uma pesquisa de mercado, em um questionário direcionado, em jornais e revistas, na literatura e em diversas outras fontes.

Em qualquer negócio, a leitura do mercado é fundamental. O gestor tem a obrigação de identificar as falhas e as oportunidades de melhoria no processo e, ainda, as oportunidades de avanço e retraimento no mercado. Não é algo muito complexo: basta conhecer bem o produto e o mercado, e ter consciência de que a concorrência existe.

Uma empresa líder do mercado pode fazer um comparativo com as que estão em posição menos privilegiada. Se uma empresa líder perde mercado é porque para de perceber e observar a concorrência, o mercado e a si mesma. O *benchmarking* é útil dentro da própria empresa, nas atividades que a concorrência faz melhor e até em uma empresa de outro setor. O que importa é saber que sempre é possível dar um passo à frente.

Uma loja de chocolates de qualidade, por exemplo, pode optar por investir na embalagem, para diferenciar seu produto. Nesse caso, a empresa vai verificar como as perfumarias, sapatarias, lojas de roupas, entre outras, fazem seus pacotes. Seu referencial pode ser até outra loja de chocolates, desde que seja possível fazer o comparativo, tendo um alvo bem-definido.

Nos serviços, o conceito é utilizado da mesma maneira, mas a diferença é o fato de a busca pela melhoria não estar em algo físico, mas sim na qualificação do profissional para a prestação de um serviço de qualidade. É possível, por exemplo, comparar o serviço de uma biblioteca de qualquer tipologia (universitária, pública, escolar, comunitária, especializada, especial) com outras bibliotecas, realizando o "referencial comparativo", isto é, o *benchmarking*, ao identificar as boas práticas que elas desenvolvem.

É possível ainda efetuar o *benchmarking* em outros serviços da biblioteca; por exemplo, pode-se comparar "o sistema de busca de livros" com o sistema de uma videolocadora. Trataremos de dois *sites* especializados na área biblioteconômica: LibEcon e o Equinox.

» LibEcon

O LibEcon (2002) é um *site* com *benchmarking* internacional de bibliotecas de diversos setores, parametrizado de acordo com o país e sua economia. O *site*, financiado pelo Institute of Public Finance e pela Comissão Europeia, segue as normas internacionais ISO 2789 e ISO 11620 (indicadores de desempenho da biblioteca).

Apresentamos a seguir um exemplo (Figura 4.4) dos dados encontrados no LibEcon por meio do histograma que traduz o tamanho das coleções existentes nas bibliotecas do país em uma proporção para cada mil usuários, comparando os países descritos com resultados mundiais e da comunidade europeia.

A comparação é objetiva e ajuda a entender os resultados e melhorar as práticas dos serviços prestados pela biblioteca.

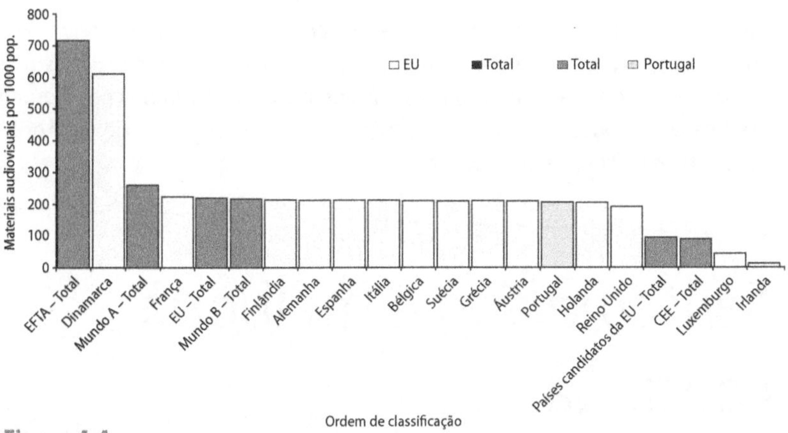

Figura 4.4
Histograma de tamanho de coleções.
Fonte: LibEcon (2013).

» Equinox

O Equinox (BROPHY, 2001) também é um *site* com indicadores com o objetivo inicial de padronizar as bibliotecas. Este projeto serve para tomar conhecimento dos indicadores de qualidade utilizados internacionalmente. O Equinox desenvolveu os seguintes indicadores:

- Porcentagem de população que utiliza o serviço eletrônico de informação;
- Número de sessões de cada serviço eletrônico de informação por membro da população;

- Número de sessões remotas dos serviços eletrônicos de informação por membro de população a ser servida;
- Número de documentos a serem consultados por sessão em cada serviço eletrônico da biblioteca;
- Custo por sessão para cada serviço eletrônico da biblioteca;
- Custo por documento consultado para cada serviço eletrônico da biblioteca;
- Porcentagem de pesquisas de informação submetidas eletronicamente;
- Média de utilização dos terminais informáticos da biblioteca;
- Número de horas disponíveis dos terminais da biblioteca, por utilizador;
- Porcentagem das sessões rejeitadas em função das sessões realizadas;
- Porcentagem das aquisições em serviços eletrônicos de informação em função do total das aquisições;
- Número de presenças nas ações de formação sobre serviço eletrônico de informação pela população total a servir;
- Pessoal da biblioteca envolvido na gestão e aquisição dos serviços eletrônicos;
- Satisfação do usuário em relação aos serviços eletrônicos da biblioteca.

É interessante que os resultados que estiverem sendo buscados estejam evidentes na biblioteca e no dia a dia do bibliotecário, para que seus usuários tenham conhecimento do ambiente proativo em que buscam as informações. Somente a inquietação na busca de melhores práticas indicará o potencial de melhoria e as perspectivas de sucesso da biblioteca.

Sensemaking e melhoria contínua

Expostos a um grande fluxo de informação, hoje vivemos em um ambiente de constante mudança e, como consequência, sempre atualizado de necessidades. A incessante busca pela melhor maneira de realizar tarefas e prestar um serviço de maior qualidade e atender as necessidades de informação nos remete a um conceito concebido há muitos anos por Massaki Imai, chamado "melhoria contínua" ou Kaizen, uma palavra de origem japonesa em que "Kai" significa mudança e "Zen" significa bom, ou seja, mudança para melhor.

Trazendo esta realidade para a biblioteca – um espaço onde se busca informação e onde quem não se atualiza está fadado a não prestar um bom serviço e não atender às necessidades de seus usuários – o foco deve estar justamente em "**acessibilidade**", ou ainda "**prestação de serviços**".

Brenda Dervin, na década de 1980, desenvolveu uma metodologia para identificar as necessidades dos usuários de determinado sistema, nomeando-a *sensemaking*. A metodologia consiste em expor a maior parte, ou a totalidade, dos *gaps* ou lacunas existentes entre o usuário e o sistema. Apesar de já transcorridos quase 30 anos de sua criação, o *sensemaking* é um trabalho desafiante para todos os gestores de sistemas que envolvem a informação. A teoria de Dervin admite que a busca e o uso da informação são atividades necessárias à criação do sentido individual do ser humano (DERVIN, 1983).

A informação não existe sozinha e externa ao ser humano, mas é um produto da observação humana sobre si própria e sobre os outros, lembrando o intrapsicológico e o interpsicológico. O objetivo da autora foi desenvolver um modelo que focasse a maneira como os indivíduos usam as informações, externas e internas, para desenvolver sua noção de realidade e conduzir seu comportamento; como o próprio nome diz, utilizando a informação para "criar significado".

>> **IMPORTANTE**
O *sensemaking*, então, é uma metodologia que dispõe sua abordagem de maneira a criar um movimento no usuário do sistema, transformando dúvida em ação.

No modelo *sensemaking*, é fundamental termos em mente que o usuário se deparará com uma lacuna, ou problema, e nesse momento iniciará o processo de interpretar e transpor o problema, utilizar uma estratégia para abordar e solucionar o problema, obter um *feedback* do que foi feito e reiniciar uma nova fase de busca da informação.

A busca do melhor desempenho possível é uma prática muito saudável para qualquer tipo de gestão ou negócio, pois demonstra preocupação com sua sobrevivência e longevidade. Ter em mente este conceito e trabalhar com a abordagem do *sensemaking* dá uma amplitude ímpar na condução de qualquer negócio, pois o gestor estará sempre buscando a melhoria com foco em uma gestão participativa centrada no usuário. Dessa forma, considera-se que o *benchmarking* e o *sensemaking* visam então a um alvo comum: a prestação de um serviço cada vez mais próximo da necessidade do usuário.

O *sensemaking* não é uma maneira de interpretar uma situação, e sim de ajudar o usuário da informação a entender esta situação. Quando assumimos a interpretação de alguma coisa, podemos dizer que esta realidade está ali para ser descoberta, mas na verdade ela está ali para ser inventada. Quando tratamos de sistemas de informação, não adianta apenas mostrarmos o resultado de nossas análises, fruto de nossa realidade, para o usuário; temos sim que lhe permitir criar a sua realidade diante daquela lacuna ou problema.

A metodologia não pode ser encarada como um formulário para conhecer o sujeito, mas como uma ferramenta de apoio a fim de tornar os sistemas de informação mais flexíveis, acessíveis e próximos do usuário para o atendimento de suas necessidades no processo de busca da informação. Sua maior relevância está em considerar que os usuários têm necessidades diferentes por terem vivenciado experiências diferentes, e os gestores desse sistema precisam saber que tantas são as lacunas possíveis em um sistema quanto são as possibilidades de reduzi-las para o usuário. O polo de informação, chamado biblioteca, tem de ser criado e reinventado como um caminho único, aberto e pronto para ser explorado por qualquer usuário.

Considerações finais

Na atuação profissional, a análise das aplicações permite a comparação de realidades, o que é decisivo para a criação compartilhada de significados e soluções. E, no campo social, permite que se verifique a realidade da biblioteca utilizando o *sensemaking* e o *benchmarking*. Além dos resultados evidenciados, a aplicação das ferramentas serve de estímulo aos profissionais que atuam em qualquer tipo de biblioteca: pública, escolar, universitária, especializada, especial, comunitária.

A aplicação de instrumentos que auxiliam a gestão de um ambiente que presta serviços age diretamente na satisfação inerente aos serviços oferecidos aos usuários, sejam eles de qualquer meio ou comunidade, melhorando o atendimento às necessidades de acesso e de uso da informação.

Além desses aspectos, a identificação das prioridades, dentro das necessidades dos serviços, auxilia o bibliotecário na resolução dos problemas e no estabelecimento de novos enfoques, cabendo reforçar que esta visão não se restringe à gestão da biblioteca, podendo se ampliar à gestão da instituição onde a mesma está inserida.

Cabe destacar a importância da percepção, pois somente de posse dos dados de sua atividade o bibliotecário poderá comparar os serviços prestados com os padrões de excelência estabelecidos. As ferramentas, então, auxiliam o bibliotecário a planejar, organizar e avaliar suas atividades, apresentando os resultados que refletem a qualidade dos serviços que oferece.

Neste contexto, a gestão da biblioteca se efetiva como um processo primordial na oferta e no desenvolvimento de qualidade em serviços de informação, principalmente no que se refere a metodologias, enfoques e aplicação de ferramentas que auxiliam os bibliotecários a oferecer a informação adequada, no momento certo, tendo em vista que a biblioteca é um organismo em contínuo crescimento.

A sociedade da informação e do conhecimento preconiza a integração, reduzindo distâncias, aumentando o nível de informação e a igualdade no seu acesso e uso, preconizando a aprendizagem que possibilita a superação de desigualdades e de exclusão.

Para auxiliar no processo de verificação dos serviços de qualidade oferecidos, o bibliotecário também pode utilizar uma técnica simples e eficaz como o *benchmarking* para identificar "boas práticas" na comparação entre os serviços oferecidos pelas bibliotecas, bem como a aplicação da metodologia *sensemaking* com o objetivo de uma gestão participativa centrada no usuário. Ambas visam à prestação de serviços a partir das necessidades dos usuários, possibilitando a participação ativa e interativa para a democratização e a acessibilidade dos sistemas de informação.

Por outro lado, é importante a competência informacional do bibliotecário quanto a sua decisão, na avaliação dos resultados nos serviços de informação, que inclui a aferição do conhecimento, da democracia, da inclusão social, da identificação local, do processo de aprendizagem ao longo da vida, do meio e da cultura e da acessibilidade.

Agora é a sua vez!

1. De que forma a gestão impacta na organização de uma biblioteca?
2. Conceitue as principais ferramentas de gestão que podem ser aplicadas a uma biblioteca.
3. Reflita sobre os principais problemas da biblioteca que você mais frequenta, referentes às quatro dimensões da Matriz de Priorização GUT, e priorize-os.

REFERÊNCIAS

BEHR, A. et al. Especialização em bibliotecas escolares e acessibilidade: discutindo a gestão da biblioteca na modalidade EAD. *Informação & Informação*, v. 16, n. 1, 2011. Disponível em: <http://www.uel.br/revistas//uel/index.php/informacao/article/view/7831>. Acesso em: 01 jul. 2013.

BEHR, A.; MORO, E. L. S.; ESTABEL, L. B. Gestão da biblioteca escolar: metodologias, enfoques e aplicação de ferramentas de gestão e serviços de biblioteca. *Ciência da Informação*, v. 37, n. 2, p. 32-42, 2008.

BEHR, A.; MORO, E. L. S.; ESTABEL, L. B. Uma proposta de atendimento às necessidades de informação dos usuários da biblioteca escolar por meio do benchmarking e do sensemaking. *Informação & Informação*, v. 15, n. 1, p. 37-54, 2010. Disponível em: <http://www.uel.br/revistas/uel/index.php/informacao/article/view/4350>. Acesso em: 19 set. 2013.

BROPHY, P. Electronic library performance indicators: the EQUINOX project. *Serials*, v. 14, n. 1, p. 5-9, 2001.

CÚPULA MUNDIAL DA SOCIEDADE DA INFORMAÇÃO. *Declaração de princípios*. [S.l.]: CMSI, 2003.

DERVIN, B. An overview of sense-making research: concepts, methods and results to date. In: INTERNATIONAL COMMUNICATION ASSOCIATION ANNUAL MEETING, 1983, Dallas. *Proceedings*... Dallas: [s.n.], 1983. Disponível em: <http://faculty.washington.edu/wpratt/MEBI598/Methods/An%20Overview%20of%20Sense-Making%20Research%201983a.htm>. Acesso em: 01 jul. 2013.

FREITAS, H. et al. *Informação e decisão:* sistemas de apoio e seu impacto. Porto Alegre: Ortiz, 1997.

KAPLAN, R. S.; NORTON, D. P. *Mapas estratégicos:* convertendo ativos intangíveis em resultados tangíveis. Rio de Janeiro: Elsevier, 2004.

LIBECON. *Site*. [S.l.]: IPF, 2002. Disponível em: <http://www.libecon.org/>. Acesso em: 20 set. 2013.

LIBECON. *Histograma de tamanho de coleções*. [S.l.]: IPF, 2013. Disponível em: <http://www.libecon.org/database/default.asp>. Acesso em: 01 jul. 2013.

VERGUEIRO, W. *Qualidade em serviços de informação*. São Paulo: Arte & Ciência, 2002.

Maria do Rocio F. Teixeira
Lizandra Brasil Estabel

capítulo 5

Marketing em bibliotecas

Este capítulo aborda a importância do conhecimento das ferramentas de marketing e sua aplicação para os profissionais de Biblioteconomia. A conceituação do tema e a identificação do composto de marketing servirão de base para a elaboração e aplicação de um modelo de plano de marketing em bibliotecas.

Objetivos deste capítulo

- Conceituar marketing.
- Identificar o composto de marketing, também chamado de 4Ps: o produto, o preço, a praça (ou distribuição) e a promoção.
- Elaborar e aplicar um plano de marketing em bibliotecas.

Uma pesquisa que estuda o comportamento do leitor brasileiro aponta que, apesar de a maioria afirmar que existem bibliotecas em seu bairro ou cidade, 75% não frequentaram uma biblioteca em 2011. A porcentagem de pessoas que alegaram que poderiam usar o espaço caso ele disponibilizasse títulos de livros mais interessantes, atividades culturais e acesso à internet foi de 13%, 11% e 10%, respectivamente. Os dados fazem parte da edição de 2011 da pesquisa Retratos da Leitura no Brasil, encomendada pela Fundação Pró-Livro e pelo Ibope Inteligência. O que esses dados informam sobre o público ou o público potencial das bibliotecas no Brasil? Quem são essas pessoas? A grande maioria dos frequentadores de bibliotecas (segundo a pesquisa, 44,1 milhões de brasileiros) é formada por estudantes (70%), com mais da metade sendo mulheres (55%). As bibliotecas mais frequentadas são as mantidas por escolas e universidades, seguidas pelas bibliotecas populares (INSTITUTO PRÓ-LIVRO, 2011).

A mesma pesquisa mostra que os brasileiros estão cada vez mais trocando o hábito de ler jornais, revistas, livros e textos na internet por atividades como ver televisão, assistir a filmes em DVD ou no computador, reunir-se com amigos e família e navegar na internet. O estudo revela ainda uma queda no número de leitores no país: de 95,6 milhões, registrada em 2007, para 88,2 milhões, com dados de 2011 (INSTITUTO PRÓ-LIVRO, 2011). Diante dessa estatística, é importante e imprescindível pensar na aplicação do marketing em bibliotecas como forma de reverter ou, no mínimo, melhorar os índices de leitura e o uso de bibliotecas no país.

Pressupostos centrais do marketing

» IMPORTANTE
Os conceitos de necessidade, desejo, demanda, produto, troca, transação e mercado são centrais no marketing e interligados em uma relação causal direta. Essa relação tem como princípio a base da construção da própria fundamentação teórica do marketing.

O conceito mais básico e inerente ao marketing é o de **necessidade**, pois está relacionado ao entendimento das necessidades do ser humano. Trata-se de um estado de privação do indivíduo, que inclui as necessidades físicas básicas, sociais e individuais de conhecimento e autorrealização. Um dos principais estudos de orientação humanista que trabalha com as necessidades humanas é o do psicólogo Abraham Maslow (1954).

Os **desejos** são as necessidades humanas moldadas pela cultura e pelas características individuais. Os desejos são mutáveis e se alteram, conforme as transformações ocorridas na sociedade. Como lacunas que jamais são preenchidas, o marketing deve se dirigir para criar novos desejos (produtos) com o objetivo de assegurar a sua própria existência.

As pessoas têm desejos infinitos, mas recursos limitados. Assim, elas desejam produtos que proporcionam o máximo de satisfação possível em troca de seu dinheiro. Pela capacidade de compra de cada indivíduo, os desejos se tornam **demandas**.

Necessidades, demandas e desejos humanos sugerem que existem produtos disponíveis para atendê-los. Um **produto** é qualquer coisa que possa ser oferecida a um mercado para satisfazer parcialmente uma necessidade ou desejo.

O conceito de produto inclui bens duráveis e não duráveis (tangíveis), serviços (intangíveis), pessoas, lugares, organizações, atividades e ideias. Nessa perspectiva, deve-se destacar que a abordagem de produto implica a oferta de algo que tenha valor para alguém.

O marketing, segundo Richers (1994), acontece quando as pessoas decidem satisfazer suas necessidades e desejos por meio de troca, que é o ato de obter um objeto desejado oferecendo algo como retorno. O conceito de **troca** é central no marketing, pois implica a relação de comunhão entre duas partes (produto e comprador) com interesses que, em um dado momento, estão em convergência.

Se troca é o conceito central no marketing, uma **transação** é a unidade de medida do marketing. Uma transação é composta de uma troca de valores entre duas partes. Estão nesta modalidade as transações do tipo monetária, de escambo e de cunho ideológico, como o voto.

O conceito de transação leva ao conceito de mercado. Um **mercado** é o grupo de compradores reais e potenciais de um produto. Um mercado pode ser identificado de duas formas estruturais: o físico (marketplace) e o virtual. Na mesma perspectiva, destacam-se também diversos tipos de mercado, como o financeiro, o de trabalho, o da filantropia, entre outros.

» Conceito de marketing

Marketing é a área do conhecimento que engloba todas as atividades concernentes às relações de troca, orientadas para a satisfação dos desejos e das necessidades dos consumidores. Tais necessidades e desejos são satisfeitos mediante a compra de produtos e serviços. Por sua vez, esta compra pode ser impulsionada por uma necessidade fisiológica, como alimentação, abrigo, frio, ou ainda psicológica, como *status*, segurança, diversão, etc.

Para Richers (1994), marketing são as atividades sistemáticas de uma organização humana, voltadas para a busca e realização de trocas com seu meio ambiente, visando benefícios específicos. A partir do conhecimento e do estudo destas motivações ao consumo, as organizações procuram produzir bens e serviços que atendam ao chamado público-alvo. Assim, por meio do marketing, tais organizações conquistam e fidelizam seus clientes.

O marketing conta com os seguintes instrumentos básicos de ação:

- produção de bens e serviços que atendam aos desejos do público;
- escolha do preço certo para estes produtos;
- distribuição ágil e eficiente;
- comunicação com o público, por meio de propaganda na mídia impressa e eletrônica;
- promoção em pontos de venda e o sorteio de brindes, o *merchandising*, a mala-direta e outros.

De acordo com **Kotler** (1978), o marketing é a efetiva administração, da organização, de suas relações de troca com seus vários públicos. Já em 1980, Kotler ampliava o conceito de marketing para a atividade humana dirigida a satisfazer necessidades e desejos, por meio do processo de trocas.

Para **Dias** (2003), o marketing é a função empresarial que cria continuamente valor para o cliente e gera vantagem competitiva duradoura para a empresa, por meio da gestão estratégica das variáveis controláveis de marketing: produto, preço, comunicação e distribuição.

Segundo **Kotler e Andreasen** (1996), o marketing é uma atividade que identifica as necessidades e os desejos dos clientes de uma organização e determina qual o seu melhor alvo de mercado e os produtos, serviços e programas apropriados para servir esse mesmo mercado. Ou seja, qualquer organização que atue no mercado precisa estar atenta às necessidades dos seus usuários reais e dos seus usuários potenciais, ajustando-se a si e aos seus produtos em função dessas necessidades de modo a assegurar a sua satisfação.

» Composto de marketing

O composto de marketing, ou *marketing mix*, é definido como a combinação de elementos variáveis que compõe as atividades de marketing. O conceito se baseia nos estudos de Neil Borden, que usou o termo pela primeira vez em 1949. Borden conta que o termo lhe veio à cabeça ao ler os estudos de outro autor de sua época, James Culliton, que chamava os executivos de liquidificadores (*mixers*), já que a sua função era a de materializar receitas, seja misturando os ingredientes, mudando suas quantidades ou inventando novos elementos. Assim, a expressão *marketing mix* (mistura de marketing), ou composto de marketing, como é conhecida no Brasil, passou a ser a teoria mais aceita para efetivar atividades de marketing.

O composto de marketing, também chamado de **4Ps**, é o conjunto de instrumentos à disposição do gestor para implementar uma estratégia de marketing. Proposto por Jerome McCarthy, em 1960, os 4Ps compreendem:

- Produto: envolve as atividades de pesquisar ou conceber diferentes tipos de *design* e características, avaliar os diferenciais com relação à concorrência e gerenciar a marca, as especificações e a política de garantia e embalagem.
- Preço: preocupa-se com os financiamentos, as condições de pagamento, o prazo médio, o número de prestações, os descontos e o crediário.
- Promoção: abrange a propaganda, a publicidade, as relações públicas, o *trade marketing* e as promoções propriamente ditas.
- Praça ou ponto de venda: envolve as atividades de lojas, canais de distribuição, logística, armazenamento e distribuição.

Posteriormente, do ponto de vista dos clientes, conforme Torres (2008), foram elaborados os **4Cs**: cliente, custo, conveniência e comunicação. Assim, entende-se que as organizações vencedoras são as que conseguem atender às necessidades dos clientes de maneira econômica e conveniente, com comunicação efetiva.

Richers (1994) definiu um modelo que compreende as funções básicas de uma administração de marketing. Para ele, essas funções se dividiriam em quatro

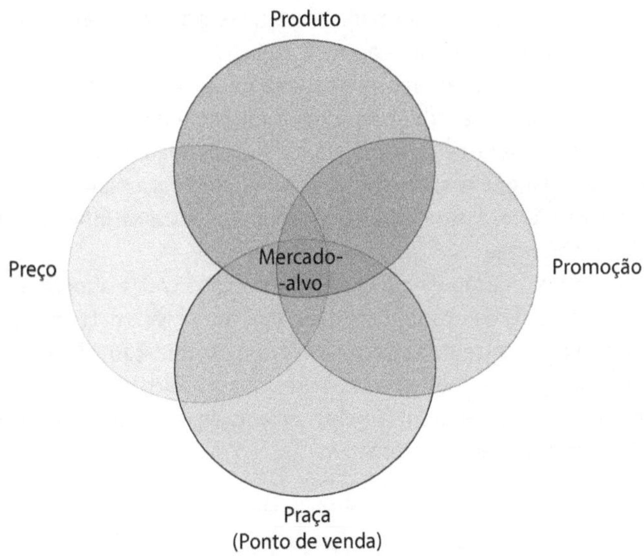

Figura 5.1
O composto de marketing.
Fonte: Serrano (2006).

fases: análise, adaptação, ativação e avaliação. Este modelo, batizado de **Sistema Integrado de Marketing**, ficou mais conhecido como os **4As** do marketing, em contraposição aos 4Ps de McCarthy (produto, preço, praça e promoção).

A nova visão do marketing

Como consequência da extensão das funções dos profissionais de marketing e de uma nova visão sobre o tema, hoje o marketing pode ser classificado em estratégico e em operacional. O **marketing estratégico** relaciona-se às funções que precedem a produção e a venda do produto, e inclui o estudo de mercado, a escolha do mercado-alvo, a concepção do produto, a fixação do preço, a escolha dos canais de distribuição e a elaboração de uma estratégia de comunicação e produção. Por sua vez, o **marketing operacional** designa as operações de marketing posteriores à produção, como a criação e o desenvolvimento de campanhas de publicidade e promoção, a ação dos vendedores e do marketing direto, a distribuição dos produtos e *merchandising* e os serviços pós-venda.

A partir desse novo momento do marketing e pensando como ele pode ser útil às diferentes organizações, distinguem-se os seguintes tipos de marketing:

- Marketing de resposta: responde a uma demanda, descobrindo e satisfazendo necessidades. É o chamado marketing ativo, e grande parte do marketing atual trabalha com essa formulação.
- Marketing de previsão: reconhece uma necessidade latente ou emergente. Para aplicar esse tipo de marketing, é fundamental analisar o mercado por meio de estudos de cenário, projetando futuros quadros de consumo. Também chamado marketing antecipativo, é considerado arriscado, pois as organizações podem errar a estratégia caso enfrentem uma forte influência de variáveis macroambientais.
- Marketing de criação de necessidades: trabalha com a abordagem da inovação radical em sua estratégia. É considerado o nível mais agressivo de marketing, pois trata-se do esforço que leva a organização a lançar um produto jamais solicitado e, muitas vezes, inimaginável. Parte da ideia de que, em vez de a organização ser dirigida pelo mercado, é ela que dirige o mercado. Também chamado marketing proativo.

Marketing em organizações que não visam lucro

Em 1969, nos Estados Unidos, Philip Kotler e Sidney Levy já defendiam que o marketing deveria abranger organizações não comerciais. Qualquer instituição pública ou privada envolvida no provimento de uma oferta de mercado sem a finalidade de obter lucro é considerada não lucrativa ou não comercial. A rigor, essas organizações se enquadram na categoria de organizações de serviço (KOTLER, 1978).

Os elementos de um marketing voltado a essas organizações são os mesmos do marketing convencional, sob a ótica de que, "[...] toda organização está inserida em um ambiente e estabelece relações de troca para a obtenção de recursos e para transformá-los em produtos ou serviços e distribuí-los de forma a atender seus mercados-alvo. O objetivo é sempre a satisfação das necessidades dos clientes." (SOUZA, 1993, p. 32).

Para Kotler (1978), as organizações que não visam lucro se interessam pelo marketing por dois benefícios básicos:

- satisfação aprimorada do objetivo do mercado-alvo e da comunidade servida pela organização, mediante a ênfase na mensuração de suas necessidades e desejos;
- eficiência na formação científica e no trato das atividades que envolvem o desenvolvimento do produto, a determinação do seu preço e o modo de sua comunicação e distribuição.

A principal tarefa da administração de uma organização orientada para o marketing é determinar as necessidades e os desejos do mercado-alvo para satisfazê-los com *design* adequado, comunicação e distribuição apropriadas e preço de oferta competitivamente viável para os produtos e serviços.

Marketing em bibliotecas

Os planejadores das bibliotecas precisam conhecer seus usuários, necessidades e desejos, desenvolvendo serviços que correspondam às suas expectativas, a fim de oferecer a informação mais adequada a cada usuário. Trata-se de marketing, mas também pode ser traduzido pelos princípios de Ranganathan (2009), que formalizam a preocupação com o usuário:

1. Os livros são para o uso.
2. Para cada leitor, o seu livro.
3. Para cada livro, o seu leitor.
4. Economizar o tempo do leitor.
5. A biblioteca é um organismo em crescimento.

A biblioteca, por ser um organismo social, muda de função, o que leva os serviços produzidos para os usuários a serem evolutivos, da mesma forma que o conhecimento evolui. Da evolução do conhecimento decorrem os níveis de especialização, impondo às bibliotecas adaptações às novas exigências.

Se trabalharmos na perspectiva do marketing centrado no cliente, é necessário que sejam identificados os grupos de clientes potenciais e descobertas suas necessidades e desejos, na tentativa de satisfazê-los com produtos e serviços certos, apoiados com promoção certa e disponíveis no tempo e local certos.

Uma biblioteca configura-se em um conjunto de usuários e mercados presentes e potenciais, com todo um acervo e serviços à disposição, presentes e potenciais, necessitando de um sistema de comunicação em constante renovação, desenvolvendo-se e ampliando-se, aproximando mercados e produtos.

A aplicação do marketing cada vez mais é uma tendência, devido às seguintes situações:

- Multiplicidade e diversidade das necessidades de informação;
- Aumento da explosão bibliográfica;
- Diminuição do ciclo de vida da informação (envelhecimento das informações);
- Evolução do comportamento do leitor, suas motivações, o meio social em que vive e a tecnologia a seu alcance.

Outros elementos a considerar são o aumento das exigências dos usuários sobre a prestação de serviços pela biblioteca, a redução da porcentagem de despesas com aquisição de material bibliográfico, a promoção de todas as formas de intercâmbio e colaboração entre as bibliotecas, a criação de sistemas e redes de comunicação, particularmente a internet, e a criação de novas bibliotecas.

Muitos autores têm se dedicado a estas questões ao longo dos tempos. Mesmo que de uma forma empírica, sem qualquer planejamento, verifica-se que sempre existiu, pelo menos por parte de alguns bibliotecários, a preocupação de conhecer os usuários e as suas necessidades, bem como de divulgar a biblioteca e seus serviços.

Pinto e Barrulas (2005) creditam essa importância ao fato de os bibliotecários, de uma forma geral, demonstrarem, no exercício das suas funções, um elevado sentimento de profissionalismo, "[...] caracterizado pela postura de respeito às atividades desenvolvidas, entendendo o verdadeiro papel social, político, educacional, informacional e cultural do profissional de informação, que vai além da preocupação com as regras do processamento técnico, sem menosprezá-las" (AMARAL, 1996), com o reconhecimento de que estão a serviço do público, pois as bibliotecas só justificam sua existência na sociedade se estabelecerem trocas valiosas com a comunidade onde estão inseridas.

Assim, as bibliotecas, tal como as organizações lucrativas, procuram manter relações de troca com seu público, daí a necessidade de adotar técnicas que auxiliem essa relação com o mercado, ou seja, com os seus usuários. Apesar de não visarem fins lucrativos, as bibliotecas possuem um mercado e entram em constante relação com ele. Autores como Ramos Simón (1995) referem a existência de um "marketing informativo", ou seja, um conjunto de atividades organizadas para difundir mensagens, por meio de produtos informativos, que promovam ou favoreçam relações de troca de ideias e de interesses tangíveis, em benefício de pessoas, instituições ou empresas.

López Yepes (1996) indica o conceito de "marketing documental" como o marketing aplicável às bibliotecas: um processo de abertura de vias de comunicação entre quem oferece e quem recebe os serviços. Na mesma linha, outros autores falam de um "marketing bibliotecário", definido como "[...] o conjunto de atividades que a biblioteca realiza com o objetivo de identificar as necessidades informativas dos nossos usuários, para satisfazê-las de forma rentável, antecipando-nos a elas na medida em que isso nos seja possível." (MAÑAS MORENO, 1999, p. 74). Apesar de a terminologia variar, a ideia geral consiste em identificar o marketing como "[...] um processo de gestão para identificar, antecipar e satisfazer as necessidades do usuário [...]", uma

> [...] preocupação por conhecer as necessidades dos seus usuários reais ou potenciais, adotar o ponto de vista dos que utilizam a biblioteca, segmentar [o mercado] por tipos ou grupos de necessidades específicas, ajustar a organização às necessidades detectadas, dar-se a conhecer aos utilizadores e conhecer a sua satisfação para reajustar o necessário [...] (GÓMEZ HERNÁNDEZ, 1998).

A necessidade da introdução do marketing como matéria de estudo de interesse para os bibliotecários foi reconhecida pela própria UNESCO, em 1987, na publicação *A modular curriculum in information studies* (LARGE, 1987). Em 1988, o documento *Principes directeurs pour l'enseignement du marketing dans la formation des bibliothécaires documentalistes et archivistes* (PGI-88/WS/1) – de autoria de Réjean Savard – recomendou a obrigatoriedade do ensino de noções de marketing para todos os acadêmicos de Biblioteconomia e Ciências da Informação. Este documento, além de atribuir ao marketing a capacidade de melhorar a utilidade social dos serviços de informação, condição essencial para sua sobrevivência, menciona que o "[...] marketing permite aos estudantes de Ciências da Informação adquirir uma melhor consciência da importância do usuário e das suas necessidades na gestão de um serviço de informação documental" (SAVARD, 1988, p. 67).

No Brasil, a preocupação com o marketing em bibliotecas e serviços de informação, de acordo com Silveira (1987), vem do trabalho pioneiro de Jung (1977), que ressaltou as técnicas de marketing à serviço da Biblioteconomia. Depois deste trabalho, a preocupação tornou-se frequente e constante em publicações e eventos. Moreira (2002) ressalta que a crescente discussão sobre o marketing aplicado aos estudos da informação resulta de uma forte tendência à discussão sobre a missão, termo "caro" à filosofia de marketing.

Os avanços tecnológicos, as crises econômicas e a redistribuição social, para citarmos apenas algumas das mudanças no cenário mundial, tendem a reforçar a informação como um bem de valor muito elevado, mas ao mesmo tempo de alta volatilidade. Como menciona Amaral (2007), rapidamente as informações perdem sua importância e são substituídas por outras mais recentes e de maior relevância, obrigando os profissionais da informação a alterarem seu perfil, aproveitando-se do marketing e do estudo de usuários.

Fernandes (1993) menciona uma série de sugestões que podem ser aplicadas por todas as bibliotecas, independentemente de suas especializações. São elas: pesquisas mercadológicas para colher a opinião do usuário, seus hábitos, preferências e aversões; estudos de viabilidade antes da implantação de bibliotecas e centros de informação; inclusão de recursos financeiros, no planejamento, para propaganda, relações públicas, promoções de serviços; implantação de serviços de relações públicas; promoção ou encomenda de estudos a respeito do comportamento de seus usuários, com a finalidade de dirigir produtos para sua maior satisfação; introdução de inovações no leiaute da biblioteca; planejamento de sessões de referência; estudos para determinar êxitos e fracassos de um produto; promoção de produtos; realização de ciclos de palestras e visitas orientadas; criação de serviços de informação utilitária.

Por sua vez, Melo, já em 1981, dirigia recomendações de atividades em bibliotecas universitárias e públicas. Tais recomendações são: participação em reuniões de professores; manutenção de um serviço de informações dentro da própria biblioteca; contato com os professores; uso de painéis na entrada da biblioteca; inclusão da programação da biblioteca nos impressos da instituição; realização de, pelo menos, dois cursos ao ano para os professores sobre normas técnicas, localização na biblioteca, etc.

Spina e Klaes (1987) mencionam que a oportunidade de utilização de estratégias de marketing é tão extensa quanto o potencial do bibliotecário e do pessoal da biblioteca. Entendem as autoras que as bibliotecas, com todo seu acervo diversificado, devem usá-lo estrategicamente, voltando-se para um amplo conhecimento do material e dos serviços prestados. Buscando atingir o objetivo final do marketing, uma série de recursos pode ser empregada como forma de adequar os produtos e serviços oferecidos pela biblioteca e seus mercados (usuários). Os recursos são: impressos (boletins de circulação, cartazes, *displays*, avisos, jornal mural, marcadores de página, panfletos e relatórios), recursos visuais (exposições, vitrines), recursos gráficos (sinalização interna e externa), recursos fotográficos (fotos, *slides*), recursos audiovisuais (filmes e programas), relações externas (contatos pessoais e diretos), outras opções (amigos da biblioteca, horário do café, carimbos, concursos, conferências, cursos, gincanas, jogos, logotipos, seminários, *slogans*, treinamento de usuários, visita orientada, caixa de sugestões, mídia impressa e eletrônica). Somam-se a esses recursos todos aqueles proporcionados pela informática, como os serviços de disseminação seletiva via email e outros recursos da *web*.

Baptista (1985) ressalta um ponto fundamental quando se fala na aplicação do marketing em bibliotecas: a receptividade do serviço por parte do usuário. A aceitação, de acordo com a autora, por um produto ou serviço será maior se o projeto for precedido de uma análise cuidadosa das necessidades dos usuários e da situação do mercado.

» Aplicação do marketing em bibliotecas

Para aplicar o marketing em bibliotecas, é preciso, antes de tudo, analisar os fatores capazes de impedir um melhor relacionamento entre a instituição e seu público. Em seguida, é necessário avaliar o meio ambiente, procurando identificar o mercado-alvo, os concorrentes, o posicionamento da biblioteca em relação a outras instituições e os equipamentos culturais e os objetivos da organização.

Uma das técnicas adotadas para realizar essa análise é a Matriz SWOT. A **Análise SWOT** ou Análise FOFA (em português) é uma ferramenta utilizada para fazer análise de cenários (ou análise de ambiente). A matriz serve de base para a gestão e o planejamento estratégicos de uma organização, mas, devido a sua simplicidade, se mostra útil para qualquer tipo de análise de cenários, desde a criação de um *blog* até a gestão de uma grande empresa.

» CURIOSIDADE

A técnica da Análise SWOT é creditada a Albert Humphrey, que liderou um projeto de pesquisa na Universidade de Stanford, nas décadas de 1960 e 1970, usando dados da revista *Fortune* das 500 maiores corporações.

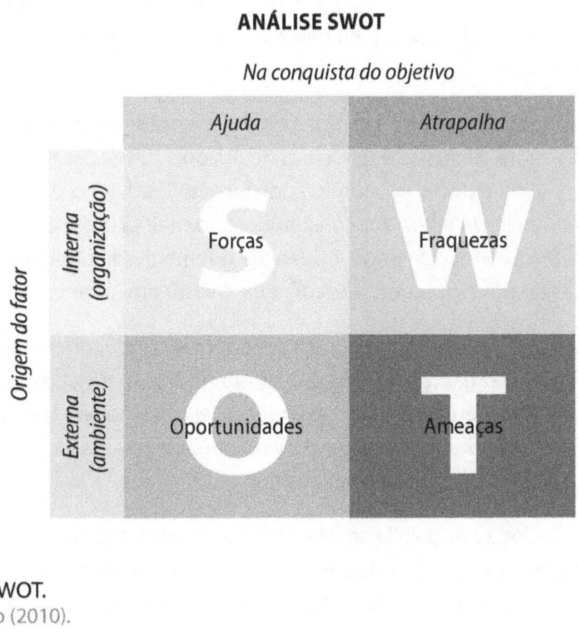

Figura 5.2
Diagrama SWOT.
Fonte: Castro (2010).

A Análise SWOT é um sistema simples para posicionar ou verificar a posição estratégica da empresa no ambiente em questão. O termo SWOT é um acrônimo em inglês para Forças (*Strengths*), Fraquezas (*Weaknesses*), Oportunidades (*Opportunities*) e Ameaças (*Threats*).

A **força** descreve quais são as competências mais fortes, aquelas que estão sob sua influência. Uma forma de encontrá-las é utilizando as seguintes perguntas:

- O que a organização faz bem?
- O que sua organização tem de melhor está sob seu comando?
- Quais são os recursos que você tem?
- O que você possui melhor que seus concorrentes?
- O que faz os clientes voltarem à sua empresa?

Com estas respostas, é possível desenvolver esta parte da análise, sempre lembrando que, quanto maior a vantagem competitiva que uma força lhe traz, mais importante ela é dentro da análise.

As **fraquezas** são as competências que estão sob sua influência, mas que, de alguma forma, atrapalham e/ou não geram vantagem competitiva, sendo encontradas pelas seguintes perguntas:

- Meus funcionários são capacitados para suas funções?
- Onde eu deveria melhorar minha organização?
- Por que meus clientes escolhem os concorrentes?
- Quais são as deficiências dos meus colaboradores?
- Por que os clientes não voltam depois de uma compra?

As fraquezas devem ser bem estudadas e mensuradas, pois muitas vezes é possível revertê-las em forças. Uma pequena parte das causas costuma gerar a maior parte dos problemas.

As **oportunidades** são as forças externas à organização que a influenciam positivamente, mas sobre as quais se tem controle. As oportunidades muitas vezes vêm por meio de algum aspecto econômico novo, como o advento da classe média, o aumento do número de filhos dos consumidores, a melhoria da renda e do crédito, entre outros. Outro fator que pode influenciar o fomento de oportunidades são as ações políticas do governo, como a escolha de investir em infraestrutura.

As **ameaças** são as forças externas que não sofrem sua influência e que pesam negativamente na sua organização. Elas são consideradas um desafio imposto à organização e que pode deteriorar sua capacidade de gerar riqueza. Devem ser constantemente monitoradas pelos gestores, pois, muitas vezes, apresentam um risco muito maior do que a capacidade de retorno.

De posse dos dados advindos da análise SWOT e baseando-se na análise cuidadosa das necessidades e dos desejos dos usuários, tomam-se as decisões sobre o produto, isto é, como ele será promovido, valorizado e distribuído.

Mercado-alvo é o conjunto bem-definido de usuários cujas necessidades a organização se propõe a satisfazer (WOOD, 1987). É necessário determinar qual é o mercado-alvo a ser atingido. Baptista (1985) menciona que as bibliotecas vêm tentando atender a 100% da população-alvo, durante 100% do tempo, enquanto as organizações lucrativas já descobriram que este posicionamento leva à completa falência.

A **análise de mercado** corresponde aos estudos de comunidade, que determinam as suas características. Para descobrir quais são os segmentos significativos de seu mercado, a biblioteca deverá analisar o significado dessas características. De qualquer forma, independentemente do critério adotado, o segmento escolhido deve ser:

- mensurável: capaz de oferecer informações sobre as características específicas de interesse;
- acessível: que possibilite à biblioteca atingir facilmente o segmento descrito;
- substancial: amplo ou importante o suficiente para merecer atenção.

Na sequência, é necessário obter dados sobre os concorrentes da biblioteca, bem como a visão dos usuários em relação aos concorrentes, e que tipo de serviço estão oferecendo.

Neste ponto, a biblioteca já tem dados sobre quem são seus usuários reais e potenciais, como está sua situação em relação a outras organizações similares e o que acontece em seu entorno. Após a análise das informações obtidas, escolhe-se o **segmento-alvo**, podendo ser mais de um. Assim, é possível investigar as necessidades, os desejos e as preferências do grupo escolhido. Baptista (1985) ressalta que esta é a fase mais importante, pois a aceitação do produto e/ou serviço estará condicionada à habilidade de conseguir as respostas certas, o que possibilitará a projeção do produto e/ou serviço desejado.

» IMPORTANTE
É preciso considerar que produtos muito especializados podem ser transitórios. A necessidade básica de informação é permanente, mas a maneira de satisfazê-la é dinâmica.

Tendo em mãos a avaliação das respostas do público-alvo, considerando as informações do meio ambiente, a concorrência e outros dados que sejam relevantes, chega-se à definição do **produto**. Essa etapa não deve preceder a conclusão das anteriores. Com relação ao produto a ser oferecido, as ligações entre padrões de uso e dimensão de utilidade são imprescindíveis para estabelecer a estratégia correta.

Passamos ao **preço**. É difícil estabelecer preços para produtos originários de instituições sem fins lucrativos. Inúmeros autores recomendam substituir preço por **valor simbólico**, como uso do produto pelo usuário, reconhecimento, atenção ou qualquer outra forma de recompensa pelo esforço em atender as necessidades do usuário.

Hannabus (1983) considera mais importante determinar o mesmo valor para o produto (biblioteca) e para o usuário (leitor). Por exemplo, o valor para a biblioteca baseia-se na sua contribuição para a satisfação das necessidades de seus usuários e, em relação ao usuário, o valor estaria na realização desta contribuição.

Na sequência, temos a **promoção**, que tornará o produto formulado conhecido. A promoção e o fornecimento de produtos sociais, com ou sem uma base de produto tangível, dependem muitíssimo da qualidade da comunicação interpessoal, da interação e do serviço prestado por todos aqueles que estejam trabalhando em uma campanha. A comunicação pessoal está impregnada praticamente de todas as facetas da promoção e da adoção de produtos sociais, afirmam Kotler e Roberto (1992).

A promoção é realizada de diferentes maneiras, po rmeio de atividades ou técnicas promocionais, como:

- Relações públicas;
- *Merchandising*;
- Propaganda;
- Publicidade;
- Promoção de vendas;
- Venda pessoal;
- Incentivos;
- Atmosfera.

Kotler (1978) classificou as **modalidades de promoção** em: propaganda, publicidade, contato pessoal, incentivo e atmosfera. O programa total de comunicação de marketing de uma organização, chamado **mix de promoção**, consiste na combinação específica de propaganda, promoção de vendas, relações públicas e venda pessoal que a empresa utiliza para perseguir seus objetivos de propaganda e marketing (KOTLER; ARMSTRONG, 1998).

Para Cobra (1985), os componentes básicos do composto promocional são a propaganda, a publicidade, o *merchandising*, as relações públicas e a promoção de vendas. A promoção, segundo Las Casas (1987), é realizada mediante a propaganda, a venda pessoal, a promoção de vendas, o *merchandising* e as relações públicas.

As atividades promocionais tornam-se efetivas de acordo com a **estratégia de marketing**, que é o conjunto de ações e atitudes, tendo como princípio fundamental captar e manter clientes dos produtos e/ou serviços, quando aplicadas técnicas mercadológicas. Referem-se à forma, à estrutura e ao planejamento dessas técnicas.

Neste contexto, é importante distinguir marketing e relações públicas. Kotler & Bloom (1988, p. 37) consideram "[...] relações públicas como a função da administração que avalia atitudes públicas, identifica as políticas e os procedimentos de um indivíduo ou de uma organização com o público interessado e executa um programa de ação para conseguir entendimento público e receptividade.".

O Quadro 5.1 mostra as diferenças entre marketing e relações públicas.

Quadro 5.1 » Diferenças entre marketing e relações públicas

Relações públicas	Marketing
Instrumento de comunicação.	Avaliação, desenvolvimento de serviço, honorários e distribuição.
Procuram influenciar atitudes.	Conduzem a comportamentos específicos.
Não definem os objetivos da organização.	Definem missão, mercado-alvo e serviços.

Fonte: As autoras.

Ainda de acordo com Cobra (1986), as atividades de relações públicas incluem:

- relações com a imprensa, visando a obter notícias acerca de produtos, pessoas ou serviços da empresa;
- comunicação da organização, com o objetivo de difundir interna e externamente informações que tornem a instituição mais conhecida e aceita pela comunidade;
- lobismo, que envolve as relações com os órgãos legislativos e do governo;
- preservação da imagem da organização.

Outra atividade, de acordo com Sant'Anna (1995), é o ***merchandising***, que consiste no planejamento promocional do produto antes de ele ser lançado no mercado. É a preparação da mercadoria para torná-la adequada à necessidade do consumidor e aos canais de distribuição comercial. É o estudo do produto em si.

Por sua vez, a atividade de **propaganda** é definida por Kotler (1980) como qualquer forma paga e impessoal de apresentação e promoção de ideias, bens e serviços por um patrocinador identificado, distinguindo-se em propaganda direta e pedido pelo correio. Esse mesmo autor ainda enumera as qualidades da propaganda em: apresentação pública, difusão, expressividade ampliada e impessoalidade.

Na concepção de Kotler (1980), a atividade seguinte, a **publicidade**, é o estímulo impessoal à procura por um produto, serviço ou negócio, à divulgação de notícias comercialmente significativas sobre ele em mídia impressa, ou à obtenção de apresentação favorável do que está sendo oferecido no rádio, na televisão ou no palco, sob a condição de que não seja pago pelo patrocinador.

Já a **promoção de vendas** engloba aquelas atividades de marketing que não são de venda pessoal, propaganda e publicidade, mas que, de acordo com Kotler (1980), estimulam as compras dos consumidores e a eficácia dos revendedores,

» DICA

Cobra (1985) refere-se ao *merchandising* como um conjunto de operações tácitas efetuadas no ponto de venda, envolvendo os processos de exibição do produto ou exibitécnica, demonstração ou degustação do produto, espaço ou estoque no ponto de venda, embalagem, posição do produto, preço, propaganda no ponto de venda.

como *displays*, *shows*, exposições, demonstrações e diversos esforços não periódicos de vendas que não se incluem na rotina normal. Sant'Anna (1995) menciona que a promoção de vendas atua para acelerar as vendas, bloquear a penetração da concorrência, aditar novas razões de consumo, reativar um produto cujas vendas tenham entrado em declínio, divulgar um novo produto, aumentar a eficiência e a eficácia da força de vendas e injetar estímulos na rede de intermediários.

No que diz respeito à **venda pessoal**, Kotler (1980) a define como a apresentação oral em um diálogo com um ou mais compradores em perspectiva com o propósito de realizar vendas. A venda pessoal tem como qualidades o confronto pessoal, o cultivo e a resposta.

Os **incentivos** são artigos de algum valor financeiro, acrescentados a uma oferta para encorajar alguma reação manifesta de comportamento (KOTLER, 1980). Por fim, a **atmosfera** é identificada como os esforços para projetar o local de compra ou consumo por meio de uma forma calculada a fim de criar efeitos cognitivos e/ou emocionais específicos nos compradores ou consumidores.

Finalizando o mix de marketing, temos a **distribuição**, que é o deslocamento do produto ou serviço em oferta do produtor ao usuário final. A acessibilidade é o critério-chave na distribuição, envolvendo a teoria da utilidade, a saber: tempo, lugar e posse.

Controle e avaliação

Como demonstrado desde o início do capítulo, o marketing é um método para adequar serviços e/ou produtos à necessidade do usuário. No entanto, para colocá-lo em prática, é preciso elaborar planos que contenham objetivos, situações atuais, situações previstas, ações específicas, orçamento e variáveis para a avaliação.

Os critérios para a avaliação deverão ser baseados nos objetivos do plano de ação. A reação favorável ou desfavorável do usuário, por meio da presença e do uso, pode ser um indicador de desempenho. As ações focadas no marketing procuram dar outra dimensão à atividade e ao ambiente de trabalho nas bibliotecas, deixando de lado a imagem estática que, muitas vezes, predomina sobre seu desempenho.

A seguir, sugerimos um modelo de plano de marketing a ser aplicado em uma biblioteca.

>> Plano de marketing

Levantamento das informações

- Análise interna:
  - Características da organização (estrutura, tamanho, objetivos, missão);
  - Produtos (descrição, usos, vantagens, benefícios);
  - Programa de marketing atual (objetivo, segmento-alvo, estratégias, resultados);
  - Indicadores de desempenho (evolução nos últimos anos, ponto de equilíbrio, retorno, entre outros).
- Análise externa:
  - Usuários;
  - Ambiente.

Lista de problemas e oportunidades

- Pontos fracos e fortes (a vantagem e desvantagem de cada produto);
- Ameaças e oportunidades (análise dos pontos fortes e fracos. Pontos fortes - oportunidade, Pontos fracos – ameaça).

Determinação dos objetivos

Desenvolvimento da estratégia

- Estrutura de marketing (pessoal, tarefas, responsabilidades);
- Segmento a ser atingido;
- Composto de marketing (produto, preço, distribuição, promoção).

Determinação do orçamento

Projeção de vendas e lucro

- Situação de lucro e perdas esperadas;
- Cronograma de ações e resultados.

Agora é a sua vez!

1. Conceitue composto de marketing e seus instrumentos.
2. A análise de uma empresa/instituição e do seu meio ambiente pode ser feita com que ferramenta? Conceitue-a.
3. Explique o que significa para uma empresa/instituição os seguintes fatores: força, fraqueza, ameaça e oportunidade.
4. Quais são as principais diferenças entre marketing e relações públicas?
5. Imagine uma biblioteca que você frequente e elabore um plano de marketing.

REFERÊNCIAS

AMARAL, S. A. Marketing e desafio profissional em unidades de informação. *Ciência da Informação,* v. 25, n. 3, 1996. Disponível em: <http://revista.ibict.br/ciinf/index.php/ciinf/article/viewFile/452/411>. Acesso em: 21 set. 2013.

AMARAL, S. A. *Marketing na ciência da informação.* Brasília: UnB, 2007.

BAPTISTA, S. G. *A contribuição da estratégia do método de marketing para solucionar problemas de baixo índice de acervo de freqüência em bibliotecas:* estudo de caso. 1985. 103 f. Dissertação (Mestrado em Biblioteconomia e Documentação) –Departamento de Biblioteconomia, Universidade de Brasília, Brasília, 1985.

CASTRO, C. H. *Matriz SWOT (análise):* guia completo. [S.l.]: Sobre Administração, 2010. Disponível em: <http://www.sobreadministracao.com/matriz-swot-analise-guia-completo/>. Acesso em: 22 set. 2013.

COBRA, M. H. N. *Marketing básico:* uma perspectiva brasileira. São Paulo: Atlas, 1985.

COBRA, M. H. N. *Marketing essencial:* conceitos, estratégias e controle. São Paulo: Atlas, 1986.

DIAS, S. R. *Gestão de marketing:* professores do departamento de mercadologia da FGV-EAESP e convidados. São Paulo: Saraiva, 2003.

FERNANDES, A. R. M. Marketing aplicado à biblioteconomia. In: SILVEIRA, A. (Org.). *Marketing em unidades de informação:* estudos brasileiros. Brasília: IBICT, 1993. p. 75-190.

GÓMEZ HERNÁNDEZ, J. A. Los usuarios. In: ORERA ORERA, L. (Ed.) *Manual de biblioteconomía.* Madrid: Síntesis, 1998. p. 229-245.

INSTITUTO PRÓ-LIVRO. *Pesquisa retratos da leitura no Brasil.* 3. ed. São Paulo: Instituto Pró-Livro, 2011.

JUNG, M. R. T. As técnicas de marketing à serviço da biblioteconomia. In: CONGRESSO BRASILEIRO DE BIBLIOTECONOMIA E DOCUMENTAÇÃO, 9., Porto Alegre, 1977. *Anais*... Porto Alegre: Associação Riograndense de Bibliotecários, 1977. p. 429-436.

KOTLER, P. *Marketing para organizações que não visam lucro*. São Paulo: Atlas, 1978.

KOTLER, P. *Marketing*. São Paulo: Atlas, 1980.

KOTLER, P.; ANDREASEN, A. R. *Strategic marketing for nonprofit organizations*. 5th ed. New Jersey: Prentice Hall, 1996.

KOTLER, P.; ARMSTRONG, G. *Princípios de marketing*. Rio de Janeiro: Prentice Hall Brasil, 1998.

KOTLER, P.; BLOOM, P. N. *Marketing para serviços profissionais*. São Paulo: Atlas, 1988.

KOTLER, P.; ROBERTO, E. L. *Marketing social:* estratégias para alterar o comportamento público. Rio de Janeiro: Campus, 1992.

HANNABUSS, S. The importance of user studies. *Library Review,* v. 36, n. 2, p. 122-127, 1983.

LARGE, J. A. *A modular curriculum in information studies*. Paris: UNESCO, 1987.

LAS CASAS, A. L. *Marketing:* conceitos, exercícios, casos. São Paulo: Atlas, 1987.

LÓPEZ YEPES, J. *Manual de ciencias de la información y documentación*. Madrid: Piramide, 1996.

MAÑAS MORENO, J. E. Marketing y difusión de servicios en una biblioteca universitária del próximo milênio. In: JORNADES CATALANES DE DOCUMENTACIÓN, 7., 1999, Barcelona. *Anais*... [S.l.: s.n.], 1999. p. 73-85. Disponível em: <http://www.cobdc.org/jornades/7JCD/63.pdf>. Acesso em: 12 jan. 2013.

MASLOW, A. H. *Motivation and personality*. New York: Harper & Row, 1954.

MELO, M. G. *O desconhecimento de nossas bibliotecas:* problema para o marketing. João Pessoa: UFPB, 1981.

MOREIRA, W. Marketing em bibliotecas: servindo a dois senhores. *Ângulo,* n. 93, p. 8-10, 2002.

PINTO, M. L.; BARRULAS, M. J. *A disciplina de marketing e a prática do bibliotecário:* estudo de caso em bibliotecas da RNBP. In: CONGRESSO NACIONAL DE BIBLIOTECÁRIOS, ARQUIVISTAS E DOCUMENTALISTAS, 8., 2004, Lisboa, *Actas*... Lisboa: APBAD, 2005. Disponível em: <http://www.marilia.unesp.br/Home/Instituicao/Docentes/RosangelaCaldas/a_disciplina_de_marketing_pratica_do_bibliotecario.pdf>. Acesso em: 22 jan. 2013.

RAMOS SIMÓN, L. F. *Dirección, administración y marketing de empresas e instituiciones documentales*. Madrid: Síntesis, 1995.

RANGANATHAN, S. R. *As cinco leis da biblioteconomia*. Brasília: Briquet de Lemos, 2009.

RICHERS, R. *O que é marketing*. 15. ed. São Paulo: Brasiliense, 1994. (Coleção Primeiros Passos, 27).

SANT'ANNA, A. S. *Onde estão os talentos? Onde está a gestão de recursos humanos?* Londres: Routledge, 1995.

SAVARD, R. *Principes directeurs pour l'enseignement du marketing dans la formation des bibliothécaires, documentalistes et archivistes* (PGI-88/WS/1). Paris: UNESCO, 1988.

SERRANO, D. P. *Marketing mix* (composto de marketing). [S.l.: s.n.], 2006. Disponível em: <http://www.portaldomarketing.com.br/Artigos/Marketing%20Mix.htm>. Acesso em: 04 fev. 2013.

SILVEIRA, A. (Org.). *Marketing em bibliotecas e serviços de informação:* textos selecionados. Brasília: IBICT, 1987.

SOUZA, T. Uma estratégia de marketing para cooperativas de artesanato: o caso do Rio Grande do Norte. *Revista de Administração de Empresas,* v. 33, n.1, p.30-38, 1993. Disponível em: <http://www.scielo.br/pdf/rae/v33n1/a04v33n1.pdf>. Acesso em: 21 set. 2013.

SPINA, M. J. P.; KLAES, R. R. Marketing na biblioteca: agora mais do que nunca. In: SILVEIRA, A. (Org.). *Marketing em bibliotecas e serviços de informação:* textos selecionados. Brasília: IBICT, 1987.

TORRES, C. A. *Conceitos de marketing.* [S.l.]: Portal Administradores, 2008. Disponível em: <http://www.administradores.com.br/artigos/marketing/conceitos-de-marketing/24803/>. Acesso em: 12 jan. 2013.

WOOD, D. Melhorando sua imagem: como promover a biblioteca ou serviço de informação. In: SILVEIRA, A. (Org.). *Marketing em bibliotecas e serviços de informação:* textos selecionados. Brasília: IBICT, 1987. p. 181.

LEITURAS RECOMENDADAS

KOTLER, P. *Administração de marketing.* 10. ed. São Paulo: Prentice Hall, 2000.

RENBORG, G. Marketing library services: how it all began. In: IFLA GENERAL CONFERENCE, 63., 1997, Copenhagen. *Anais...* München: Saur; IFLA, 2000.

Magali Lippert da Silva

capítulo 6

Literatura aplicada à Biblioteconomia

Neste capítulo, serão apresentados, de forma simples e didática, os conceitos básicos da literatura, servindo como um guia racional a ser utilizado por alunos e profissionais da Biblioteconomia. Para tal, abordaremos os gêneros e subgêneros literários, os movimentos literários, a estética literária e o clichê, bem como a literatura infantil e juvenil.

Objetivos deste capítulo

- Reconhecer a importância da literatura para a Biblioteconomia.
- Identificar os gêneros literários.
- Estar preparado para incentivar a leitura de clássicos.
- Diferenciar os movimentos literários.
- Distinguir clássicos de obras de entretenimento.

O ensino de literatura, disciplina cuja relevância intelectual é inquestionável, não é, curiosamente, trabalhado de forma sistemática em cursos de Biblioteconomia do país, com raras exceções. Os cursos que possuem a disciplina em seus currículos não a tratam como área fundamental de estudo, priorizando, muitas vezes, a gestão e a tecnologia em detrimento da literatura e da leitura. No entanto, a disciplina faz parte da rotina bibliotecária e espera-se que um profissional da área tenha conhecimento acerca de livros, autores e obras literárias esteticamente relevantes, sendo capaz de distinguir textos artísticos (literários, propriamente ditos) de textos corriqueiros permeados por clichês.

O conhecimento de literatura por técnicos em Biblioteconomia e bibliotecários faz-se necessário por diversos motivos:

- O público interessado em literatura é o mais assíduo em bibliotecas públicas, escolares e universitárias.
- Os estudiosos de literatura precisam de grande volume de obras para análise, possuem dinâmica de leitura e têm de se comunicar com profissionais de Biblioteconomia que entendam sua linguagem e interesses.
- Bons leitores de literatura adquirem maior capacidade de interpretar textos.
- O incentivo à leitura com crianças e adolescentes é desenvolvido por meio de obras literárias.
- A literatura é de interesse geral e não de um grupo ou classe profissional específica.

O profissional de Biblioteconomia tem, entre outras atribuições, a de promover a leitura. Assim, é necessário que tenha conhecimentos básicos acerca dos diferentes gêneros e subgêneros literários, bem como dos mais importantes autores da literatura, desde os clássicos até textos contemporâneos.

No Brasil, a atenção deve se concentrar nas publicações de literatura brasileira, regional (de seu Estado) e de literatura geral. Também é necessária especial atenção a *best-sellers* internacionais e a textos e artigos de periódicos. Os profissionais que leem obras literárias e possuem boa cultura geral estarão mais preparados para conversar com os usuários sobre diferentes temas, bem como indicar leituras relevantes para sua formação ou mesmo seu entretenimento.

Gêneros e subgêneros literários

Os gêneros literários são divididos em três tipos: épico, lírico e dramático.

» Épico

Este gênero, também conhecido como narrativo, se caracteriza pela **objetividade**, assim, podemos afirmar que a poesia épica é aquela cuja realidade é externa ao seu autor, ou seja, o poeta conta a história com o distanciamento do observador, sem identificação ou envolvimento emocional entre poeta e personagens. Leite (1993, p. 9), discutindo a objetividade épica de Hegel, afirma que "[...] a poesia épica seria aquela em que, do conjunto dos homens e dos deuses, brotaria a dinâmica dos acontecimentos que o poeta deixaria evoluir livremente, sem interferir.".

A épica é, provavelmente, a mais antiga das manifestações literárias. Para exemplificar, citamos as obras *Ilíada* e *Odisseia*, epopeias gregas cuja autoria se atribui a Homero. Segundo Gonzaga (2004, p. 16),

> Essas obras, como outras similares, foram também denominadas poesia épica, isso porque – possivelmente com objetivo de memorização – eram metrificadas. Costuma-se dizer que a última grande manifestação de poesia épica no Ocidente é a obra *Os Lusíadas*, de Camões, vinda à luz em 1572.

Herdeiros do gênero épico, os subgêneros são: romance, conto e novela.

» **DEFINIÇÃO**
Métrica é a medida dos versos de um poema e está ligada ao ritmo que se quer dar ao texto, utilizando para isso as sílabas que compõem os versos, combinadas entre si. Na poesia metrificada tradicional, a quantidade de sílabas do poema é fixa, indicando as rimas.

Romance

É a forma narrativa mais popular e de maior demanda em bibliotecas. Herdeiro da épica, o não é metrificado, tendo seu formato em **prosa**. Trata-se de uma narrativa longa que apresenta diversos eventos e vários personagens, levando em consideração o tempo e o espaço. Gonzaga (2004, p. 24) afirma:

> Especialmente a partir de 1850, o gênero experimentou extraordinário sucesso. Surgiu um conjunto de obras-primas escritas por Flaubert, Zola, Dostoiévski, Tolstói, Turguêniev, Eça de Queirós, Joseph Conrad e Machado de Assis, entre outros. As técnicas narrativas torrnaram-se mais requintadas, aprofundaram-se as experiências humanas e ampliaram-se as visões de mundo. Desde a velha Grécia, a literatura não falava tão proximamente aos homens comuns.

Conto

Também trata-se de uma narrativa em prosa, porém, de **extensão bem menor que a do romance**. Gonzaga (2004, p. 26), quando se refere ao conto, afirma: "Trata-se de um relato curto, denso, nervoso, com reduzido número de personagens e de eventos, raramente atingindo mais de vinte páginas no formato normal de um livro.".

Os contos normalmente se apresentam reunidos em livro, pois, isoladamente, não comporiam uma obra viável em termos de impressão. Um livro pode ter diversos contos de um único autor ou de vários. Para uma seleção de contos, damos o nome de **Antologia**.

Novela

Trata-se de uma **narrativa longa**, no entanto menor em extensão e um pouco menos complexa quanto ao enredo do que um romance. O professor Sergius Gonzaga (2004) explica que o termo romance não aparece em língua inglesa ou espanhola no sentido de gênero literário: utiliza-se, nos dois idiomas, a palavra novela (*novel* e *novela*, respectivamente) para designar obras narrativas de longa duração. Em português, porém, o termo novela provoca grande confusão teórica, por não haver limites claros de sua abrangência e de seu sentido.

>> **IMPORTANTE**
O subgênero novela não deve ser confundido com telenovela, que são novelas filmadas para serem exibidas na televisão.

A novela estaria, então, **entre o romance e o conto**. Devido à confusão conceitual já expressa por Gonzaga, apresentamos algumas orientações básicas que auxiliarão na sua identificação:

- Ficar atento ao número de páginas – a maioria das novelas tem entre 40 e 130 páginas.
- Verificar as informações no verso da página de rosto do livro – onde pode estar expresso o gênero.
- Buscar as indicações do próprio autor, por exemplo, na orelha, no prefácio ou no posfácio.

Entre as mais importantes novelas e seus autores constam *A metamorfose*, de Kafka; *O alienista*, de Machado de Assis; e *A morte de Ivan Ilitch*, de Tolstói.

>> Lírico

>> **IMPORTANTE**
O gênero lírico não deve ser confundido com épico. Este último é categorizado como texto narrativo metrificado, ao passo que o primeiro deve ser tratado como poesia.

Neste gênero, a subjetividade é uma constante. Ainda analisando Hegel, Leite (1993, p. 9-10) afirma: "Já a LÍRICA teria por conteúdo subjetivo 'a alma agitada pelos sentimentos', e, em lugar da ação externa ao sujeito, o que se expõe é o seu extravasar; é ele que se expressa diretamente, e musicalmente, pela palavra que profere.". O que a autora indica é que no caso da lírica há o envolvimento do autor com o texto escrito, há identificação entre autor e texto.

O representante fundamental do gênero lírico é a **poesia**. O texto poético é composto de versos. Verso é cada uma das linhas que compõem a poesia (ou o poema). Não entraremos aqui em distinções sobre as formas de versificação, mas é importante que o profissional de Biblioteconomia entenda que os poetas (autores de livros de poesia) utilizam muito as figuras de linguagem para criar seu texto (metáforas, antíteses, prosopopeias, etc.) o que, muitas vezes, torna a compreensão da poesia mais difícil que a de outros gêneros. Assim, é imprescindível que o técnico e o bibliotecário (como qualquer bom leitor) tenham dedicação e empenho na leitura deste gênero. Superada a fase das dificuldades, a poesia se mostra prazerosa e interessante.

Independentemente do estilo do poeta, se adepto do soneto ou do verso livre, seu texto terá ritmo, emoção e sensibilidade aliados à boa técnica. Na poesia contemporânea, temos percebido um aumento do uso do verso livre em contraposição à rima, além de diferentes formas de apresentação do poema.

Exemplo de poema com rimas:

Distante o meu amor se me afigura (verso 1)
O amor como um patético tormento (verso 2)
Pensar nele é morrer de desventura (verso 3)
Não pensar é matar meu pensamento (verso 4)
(parte do soneto "Carnaval", de Vinícius de Moraes, 1967)

Exemplo de poema com verso livre (não há rimas):

O mar não dá reparo. (verso 1)
Maré quando vazante (verso 2)
deixa um rastro (verso 3)
de pequenas mortes marinheiras: (verso 4)
caramujo tatuíra alga preta (verso 5)
e o teu andar marujo (verso 6)
na areia de água pouca (verso 7)
a se apagar. (verso 8)
(Poema extraído da obra *Prosa do mar*, de Marlon de Almeida, 2008)

» **DEFINIÇÃO**
Soneto e verso livre são duas formas poéticas. No soneto, encontramos a métrica tradicional (poema de forma fixa, composto por 14 versos). Já no verso livre, a métrica é livre, cada verso terá quantas sílabas o autor achar necessário para empreender o ritmo. O número de versos que compõem o poema também não é fixo.

» Dramático

Este gênero é uma espécie de **união dos gêneros épico e lírico**. Percebemos, ao mesmo tempo, o desenrolar dos fatos no texto de forma objetiva e o envolvimento e a interioridade no que é narrado. Conseguimos trabalhar com a ideia de representação da realidade por meio do texto.

Em biblioteca, costumamos chamar os textos dramáticos de **obras de teatro**. São livros com texto escrito em forma de diálogo contínuo, em que, geralmente

Quadro 6.1 » **Formas de classificação do poema**

Classificação	Estilo
Haicai	Textos curtos
Poesia popular	Texto narrativo, como a literatura de Cordel
Miniconto	Espécie de poema em prosa

Fonte: A autora.

consta, em cada início de capítulo, a contextualização da cena. A seguir, apresentamos os variados estilos de textos teatrais e seus principais expoentes:

- Tragédia: textos de Sófocles, Ésquilo, etc.
- Comédia: um dos maiores expoentes foi Aristófanes que, além de produzir peças teatrais, foi um dos mais importantes bibliotecários de Alexandria.
- Farsa: comédia levada ao extremo, estilo representado por Molière.
- Auto: Gil Vicente foi um dos mais importantes dramaturgos portugueses do estilo.
- Drama histórico: William Shakespeare é o mais representativo.
- Drama burguês: um bom exemplo é *O Jardim das Cerejeiras*, de Tchecov.
- Teatro do absurdo: data de meados do século XX e teve como maior expoente Samuel Beckett.
- Teatro social: o nome mais significativo é o do alemão Bertold Brecht.

Quanto aos textos para teatro, também temos importantes representantes brasileiros. Martins Pena, Qorpo Santo e Nelson Rodrigues, por exemplo, marcaram a produção teatral brasileira em diferentes épocas.

» Crônica

Fora do enquadramento dos gêneros está a crônica, que **alia literatura a jornalismo**. A crônica costuma ser escrita em primeira pessoa, abordando, na maioria das vezes, um assunto cotidiano, e é geralmente veiculada na imprensa. Alguns autores optam pela perenidade, tratando de assuntos filosóficos ou metafísicos, e pela emissão de opinião, defendendo uma posição acerca de um fato.

A impossibilidade ou dificuldade de publicação em veículos de comunicação como jornais e revistas ou, no outro extremo, a grande quantidade de crônicas escritas e publicadas (como no caso de alguns jornalistas com coluna semanal) estimulam alguns escritores a reunir em seus textos em livro com a intenção de que cheguem ao público leitor. Como uma crônica possui entre uma e cinco páginas (raramente ultrapassa esse número), é necessário reunir vários textos para a composição de uma obra.

A crônica é um gênero de leitura mais fácil, fluente, justamente por tratar de assuntos que fazem parte do dia a dia dos indivíduos, e por ter uma função jornalística. Por isso, o profissional de Biblioteconomia deve auxiliar o usuário em um processo evolutivo de leitura, ou seja, para que ele passe de textos mais simples para os mais complexos, favorecendo a melhoria da sua capacidade cognitiva e a aquisição de um repertório linguístico.

Movimentos literários

Os movimentos literários correspondem às escolas ou aos períodos que determinaram certo fazer literário por meio de ideologias e valores estéticos, criando, ou recriando, o estilo de um grupo de autores. Esses, por sua vez, compunham o estilo literário da época. Os movimentos mais importantes, com representatividade no Brasil, são listados no Quadro 6.2, junto com suas características e seus principais expoentes.

Quadro 6.2 >> **Características e principais autores dos movimentos literários**

Movimento literário	Principais características	Autores brasileiros	Autores estrangeiros
Literatura Informativa e Jesuítica – período indefinido	Textos documentais com informações sobre a nova terra, as belezas naturais e as características do povo.	José de Anchieta	Pero Vaz de Caminha
Barroco – século XVII	Temática do desengano; conflito entre corpo e alma; ideologia da contrarreforma (propagação da fé católica).	Gregório de Matos e Padre Antônio Vieira	Luís de Gôngora e Francisco de Quevedo
Arcadismo ou Neoclassicismo – século XVIII	Imitação dos clássicos; representação da natureza (temas campestres e da vida pastoril); perspectiva iluminista (racionalismo); busca da simplicidade; relação com a inconfidência mineira.	Cláudio Manuel da Costa; Tomás Antônio Gonzaga; Silva Alvarenga; Basílio da Gama e Santa Rita Durão	Voltaire, Charles Montesquieu, Jean Jacques Rousseau, Denis Diderot e Jean D'Alembert
Romantismo –1831 a 1870	Culto à natureza; indianismo; sentimentalismo e subjetivismo; imaginação; valorização do passado (infância); denúncia da escravidão e defesa de causas sociais (mais comum na geração Condoreira). A Poesia Romântica é dividida em três gerações (ver na coluna ao lado).	1ª Geração – Nacionalista: Gonçalves de Magalhães e Gonçalves Dias 2ª Geração – Mal do Século: Álvares de Azevedo; Casimiro de Abreu; Fagundes Varela e Junqueira Freire	François-René de Chateaubriand e Alphonse de Lamartine inspiraram a 1ª Geração Romântica Brasileira; Lord Byron e Alfred de Musset inspiraram a 2ª Geração Romântica Brasileira;

(*continua*)

Quadro 6.2 >> **Características e principais autores dos movimentos literários** (*continuação*)

Movimento literário	Principais características	Autores brasileiros	Autores estrangeiros
	Quanto ao Romance Romântico, foi difundido pela imprensa (nos folhetins que circulavam na época), o que deu grande destaque a muitos romancistas. O Romance Romântico possuía um esquema de harmonia inicial, seguido de tensão ou conflito, com a restituição da harmonia no final. Fórmula adotada por quase todos os romancistas da época.	3ª Geração – Condoreira: Castro Alves e Sousândrade Romancistas: Joaquim Manuel de Macedo; José de Alencar; Bernardo de Guimarães; Visconde de Taunay; Franklin Távora; Manuel Antônio de Almeida e Martins Pena	Victor Hugo inspirou a 3ª Geração Romântica Brasileira.
Realismo – 1880 a 1900	Objetividade; verossimilhança; racionalismo; temática urbana; formalismo. Desenvolveu-se concomitantemente ao Naturalismo e ao Parnasianismo, tendo muitas semelhanças com esses movimentos. São dessas escolas que herdamos os maiores e mais importantes escritores brasileiros; a leitura das obras dos autores realistas e naturalistas é imprescindível para a formação de um leitor brasileiro crítico.	Machado de Assis e Raul Pompéia	Gustave Flaubert, Honoré de Balzac, Stendhal, León Tolstói, Charles Baudelaire, Fiódor Dostoiévski e Eça de Queirós
Naturalismo – 1881 a 1900	Semelhanças com o Realismo acrescido do cientificismo; determinismo darwinista; objetividade.	Aluísio Azevedo; Inglês de Souza; Júlio Ribeiro e Adolfo Caminha	Émile Zola
Parnasianismo – 1880 a 1922	Arte pela arte; culto à forma (métrica e rima). O Parnasianismo se desenvolveu em torno da poesia lírica. O movimento deve ser associado à *Belle Époque*.	Olavo Bilac; Raimundo Correia e Alberto de Oliveira	Theophille Gautier
Simbolismo (1890-1900)	Musicalidade; religiosidade mística; subjetivismo; irracionalismo.	Cruz e Souza e Alphonsus de Guimaraens	Paul Verlaine

(*continua*)

Quadro 6.2 >> **Características e principais autores dos movimentos literários** (*continuação*)

Movimento literário	Principais características	Autores brasileiros	Autores estrangeiros
Pré-modernismo - 1901 a 1922	Mistura de estilos; preocupação social.	Euclides da Cunha; Graça Aranha; Lima Barreto; Monteiro Lobato e Simões Lopes Neto	
Modernismo - 1922	Liberdade de expressão; paródia; verso livre; linguagem coloquial; nacionalismo crítico; ironia; influência da Semana de Arte Moderna. O movimento modernista surgiu simultaneamente em vários países.	Oswald de Andrade; Mário de Andrade; Raul Bopp; Plínio Salgado; Cassiano Ricardo; Antônio de Alcântara Machado; Manuel Bandeira; Cecília Meireles; Vinícius de Moraes; Murilo Mendes; Mário Quintana; Carlos Drummond de Andrade e Jorge de Lima	James Joyce e Franz Kafka. Na poesia, Garcia Lorca.
"Romance de 30" (ainda modernista)	Espécie de ressurgimento do Realismo: verossimilhança; retrato da realidade; tipos sociais.	José Américo de Almeida; Rachel de Queiroz; José Lins do Rego; Graciliano Ramos; Érico Veríssimo; Dyonélio Machado e Jorge Amado	

Fonte: A autora.

>> CURIOSIDADE

Um caso especial na produção do Romance Romântico é a obra *Memórias de um Sargento de Milícias*, de Manuel Antônio de Almeida. Chamada de "Romance de Costumes", a obra, considerada por muitos estudiosos como inovadora, não teve a aceitação, na época, dos outros romances sendo considerada atualmente a precursora do Realismo.

» CURIOSIDADE

Martins Pena, autor do movimento literário Romântico, se destacou com textos de comédia, tornando-se o primeiro representante brasileiro do texto para teatro.

» DICA
O Realismo tem origem no Positivismo de Augusto Comte, nas bases reais da biologia estabelecidas por Lamarck, nos estudos de microbiologia de Pasteur, na Teoria da Evolução de Darwin, na crítica literária de Taine, nos estudos socialistas de Marx e Engel e no anarquismo de Bakunin.

Quanto à **Geração de 1945**, o nome mais importante é o de João Cabral de Melo Neto (1920-1999).

No que diz respeito à **Literatura Contemporânea**, na **poesia**, os autores de projeção nacional são Ferreira Gullar, Adélia Prado, Affonso Romano de Sant'Anna, Manoel de Barros, Carlos Nejar e Cora Coralina (1890-1992). Os irmãos Campos (Haroldo – 1929-2003 – e Augusto de Campos), bem como Décio Pignatari (1927-2012), também tiveram destaque, especialmente em função da chamada Poesia Concreta.

Na **crônica** citamos Rubem Braga (1913-1990), Fernando Sabino (1923-2004) e Luis Fernando Veríssimo. O escritor Nelson Rodrigues (1912-1980) também é nome de destaque na crônica, assim como no teatro; este último gênero é amplamente explorado por Ariano Suassuna e Dias Gomes (1922-1999).

Na **prosa**, entre os anos de 1945 e 1970, os escritores que mais se destacaram foram João Guimarães Rosa (1908-1967), João Ubaldo Ribeiro, Clarice Lispector (1920-1977), Lygia Fagundes Telles, Carlos Heitor Cony, Dalton Trevisan, Murilo Rubião (1916-1991), José J. Veiga (1915-1999) e Antonio Callado (1917-1997).

Após 1970, alguns autores que se destacaram no cenário nacional foram Rubem Fonseca, Moacyr Scliar (1937-2011), Caio Fernando Abreu (1948-1996), Antônio Torres, Ignácio de Loyola Brandão, Josué Guimarães (1921-1986), Lya Luft, Luiz Antonio de Assis Brasil, Nélida Piñon, Osman Lins (1924-1978) e Raduan Nassar.

» A leitura dos clássicos

O que é um clássico? Ítalo Calvino (2001, p. 10-12) oferece várias respostas a esta questão em seu livro *Por que ler os clássicos?*, com três delas representadas aqui:

"Os clássicos são livros que exercem uma influência particular quando se impõem como inesquecíveis e também quando se ocultam nas dobras da memória, mimetizando-se como inconsciente coletivo ou individual."

"Os clássicos são aqueles livros que chegam até nós trazendo consigo as marcas das leituras que precederam a nossa e atrás de si os traços que deixaram na cultura ou nas culturas que atravessaram."

E talvez a melhor resposta dada pelo estudioso: "Os clássicos são livros que, quanto mais pensamos conhecer por ouvir dizer, quando são lidos de fato mais se revelam novos, inesperados, inéditos.".

Uma obra é considerada um clássico quando seu conteúdo gera rupturas que modificam a forma de pensar de um indivíduo ou de um grupo, criando novas representações individuais ou sociais ou, ainda, redimensionando as representações já existentes. Essas obras normalmente geram outras a que damos o nome de obras críticas (ensaios) que analisam, discutem e ponderam acerca do clássico.

Quando nos referimos a obras de qualidade literária, estamos pensando naqueles textos que foram planejados, estruturados e escritos de forma artística. Os autores organizam tais obras seguindo preceitos estéticos e, às vezes, algum movimento. Essas obras geralmente suscitam críticas em periódicos especializados e em livros de ensaios de estudiosos da literatura, assim como são estudadas nas universidades e resultam em trabalhos acadêmicos.

Há inúmeras diferenças entre as obras literárias e as de lazer e entretenimento (a maioria dos *best-sellers* contemporâneos, livros de autoajuda, textos cujas personagens exibem um perfil psicológico raso, entre outras.). A seguir, apresentamos algumas diferenças que auxiliam na diferenciação das obras:

- As obras literárias são estudadas academicamente, o que não acontece com as de entretenimento e lazer.
- Os textos de entretenimento e lazer, como romances cujo alvo é exclusivamente o público feminino, ou textos místicos e de autoajuda, vêm permeados por clichês. P. ex.: o encontro com o "verdadeiro amor"; a contraposição entre o bem e o mal; personagens exclusivamente ruins ou exclusivamente bons; "final feliz" para quem é bom; "punição" para quem é mau; personagens estereotipados, entre outros.
- A maioria dos textos de entretenimento e lazer é superficial e possui uma linguagem corriqueira, enquanto os textos literários contribuem para:
  - a formação de repertório linguístico;
  - o desenvolvimento do raciocínio;
  - a melhora da capacidade oratória e escrita;
  - uma visão da realidade dissociada do ideal de perfeição, preparando o indivíduo para o mundo real, obrigando-o a se deparar com as misérias humanas e, assim, a enfrentar a vida da forma como ela de fato é: imperfeita.

De qualquer forma, o profissional de Biblioteconomia precisa ser um conhecedor da literatura e distinguir as principais obras que marcaram os tempos. Assim, estabelecemos uma lista de livros, todos literários, que contribuem para o crescimento de um profissional intelectualizado e preparado nesse campo. Relacionamos títulos, autores e observações acerca da complexidade das obras, com o objetivo de suscitar um crescimento lógico para os iniciantes.

Quadro 6.3 » **Obras de autores brasileiros (organizadas por ordem cronológica)**

Autor	Título
Basílio da Gama	O Uraguai (1769)
Manuel Antônio de Almeida	Memórias de um Sargento de de Milícias (1854)
Álvares de Azevedo	Noite na Taverna (1855)
Castro Alves	Espumas Flutuantes (1870)
Machado de Assis	Memórias Póstumas de Brás Cubas (1884)
Raul Pompéia	O Ateneu (1888)
Aluísio Azevedo	O Cortiço (1890)
Machado de Assis	Dom Casmurro (1899)
Euclides da Cunha	Os Sertões (1902)
Augusto dos Anjos	Eu (1912)
Lima Barreto	Triste Fim de Policarpo Quaresma (1915)
Mário de Andrade	Macunaíma (1928)
Raquel de Queiroz	O Quinze (1930)
Graciliano Ramos	Vidas Secas (1938)
José Lins do Rego	Fogo Morto (1943)
Jorge Amado	Terras do Sem Fim (1943)
Nelson Rodrigues	Vestido de Noiva (1943)
Carlos Drummond de Andrade	A Rosa do Povo (1945)
Érico Veríssimo	O Tempo e o Vento (1949-1961)
Cecília Meireles	Romanceiro da Inconfidência (1953)
Ariano Suassuna	Auto da Compadecida (1955)
João Cabral de Melo Neto	Morte e Vida Severina (1956)

(*continua*)

Quadro 6.3 » **Obras de autores brasileiros (organizadas por ordem cronológica)** (*continuação*)

Autor	Título
Guimarães Rosa	Grande Sertão: Veredas (1956)
Vinícius de Moraes	Livro de Sonetos (1957)
Mário Quintana	Poesias (1962)
Dalton Trevisan	O Vampiro de Curitiba (1965)
Lygia Fagundes Telles	Antes do Baile Verde (1970)
Josué Guimarães	A Ferro e Fogo (1972-1975)
Raduan Nassar	Lavoura Arcaica (1975)
Clarice Lispector	A Hora da Estrela (1977)
Moacyr Scliar	O Centauro no Jardim (1980)
Caio Fernando Abreu	Morangos Mofados (1982)
Rubem Fonseca	Agosto (1990)

Fonte: A autora.

Quanto às obras de literatura estrangeira, destacamos:

Quadro 6.4 **Obras de autores estrangeiros (organizadas em ordem cronológica de publicação)**

Autor	Título
Homero	Ilíada (aproximadamente 700 a.C.)
Dante Alighieri	A Divina Comédia (por volta do ano 1300)
Michel de Montaigne	Ensaios (1580)
William Shakespeare	Hamlet (aproximadamente 1600)
Miguel de Cervantes	Dom Quixote de La Mancha (1615)
Jane Austen	Orgulho e Preconceito (1813)
Mary Shelley	Frankenstein (1818)
Stendhal	O Vermelho e o Negro (1830)
Honoré de Balzac	A Mulher de Trinta Anos (1842)

(*continua*)

Quadro 6.4 **Obras de autores estrangeiros (organizadas em ordem cronológica de publicação)** (*continuação*)

Autor	Título
Emily Brontë	O Morro dos Ventos Uivantes (1847)
Charles Dickens	David Copperfield (1849)
Herman Melville	Moby Dick (1851)
Gustave Flaubert	Madame Bovary (1857)
León Tolstói	Guerra e Paz (1859)
Fiódor Dostoiévski	Crime e Castigo (1866)
Eça de Queirós	Os Maias (1880)
Émile Zola	Germinal (1885)
Franz Kafka	A Metamorfose (1915)
Marcel Proust	Em Busca do Tempo Perdido (1922)
James Joyce	Ulisses (1922)
Thomas Mann	A montanha mágica (1924)
Scott Fitzgerald	O Grande Gatsby (1925)
Virginia Woolf	Ao Farol (1927)
William Faulkner	O Som e a Fúria (1929)
Jean-Paul Sartre	A Náusea (1938)
J. D. Salinger	O Apanhador no Campo de Centeio (1951)
Ernest Hemingway	O Velho e o Mar (1952)
Vladimir Nabokov	Lolita (1955)
Luís Vaz de Camões	Os Lusíadas (1956)
Gabriel García Márquez	Cem Anos de Solidão (1967)
Mario Vargas Llosa	Conversa na Catedral (1969)
José Saramago	Memorial do Convento (1982)
Milan Kundera	A Insustentável Leveza do Ser (1985)

Fonte: A autora.

É importante ressaltar que, nas obras traduzidas para o português, a complexidade varia muito em função da tradução. Alguns tradutores conseguem transformar a obra traduzida em um texto de leitura fluente, outros não possuem a mesma capacidade.

Também vale lembrar que as leituras sugeridas não se encerram por si mesmas, ou seja, a construção simbólica individual e coletiva é permanente. Assim, a qualquer tempo, as leituras de diferentes assuntos se farão necessárias, bem como a descoberta de novos autores. O grau de dificuldade na leitura também é muito pessoal e subjetivo, pois depende do gosto literário do leitor. De qualquer forma, as leituras sugeridas são úteis como um guia.

A literatura infantil e juvenil

Além da literatura adulta, é relevante também a abordagem da literatura infantil e juvenil, afinal, é por meio dela que se forma o leitor. O profissional de Biblioteconomia deve fazer leituras de livros infantis e juvenis para atender com presteza crianças e adolescentes. Esse profissional precisa estar informado sobre as preferências deste público – aventura, contos de fadas, mistério – e ter condições de incentivar a leitura, demonstrando interesse e nunca censura.

O profissional da área também não deve intervir quando a criança ou o adolescente não quiser ajuda. Pelo contrário, deve incentivar a autonomia, a escolha livre, pois quanto mais tempo uma criança ou adolescente permanecer na biblioteca, lendo ou escolhendo um livro, maior familiaridade criará com o espaço, mais intimidade terá com os livros e mais amizade fará com as pessoas que trabalham no local. A tendência é que, frequentando sistematicamente a biblioteca, a criança crie uma relação afetiva com o local e com o acervo.

Os autores contemporâneos são muito importantes para o público infantil e juvenil. Muitas escolas realizam projetos que incluem encontros entre alunos e escritores.

> O encontro com um escritor deveria acontecer periodicamente na escola, envolvendo a biblioteca e a sala de aula, através de um trabalho cooperativo do bibliotecário e dos professores junto aos alunos, propiciando o contato do autor/criador com o leitor. (ESTABEL; MORO, 2014, p. 72).

Esse tipo de interação desperta o interesse das crianças pela palavra escrita e pela figura do escritor (autor e ilustrador). O profissional de Biblioteconomia deve conhecer os principais escritores e ilustradores de sua região, pensar propostas e elaborar projetos culturais com o objetivo de incentivar a leitura e promover o uso do espaço da biblioteca.

» IMPORTANTE
O profissional de Biblioteconomia deve estar preparado para atuar em atividades de gestão cultural e de literatura, muitas vezes em espaços fora da biblioteca, como feiras de livros, projetos que envolvam itinerância de acervo, contação de histórias e organização de eventos literários.

» IMPORTANTE
A dinamização de bibliotecas é um trabalho fundamental na formação de um público fidelizado que, por meio de ações culturais, como saraus, debates ou encontros literários, cria vínculos com determinada instituição.

Agora é a sua vez!

1. Por que o bibliotecário e o técnico em Biblioteconomia devem ter conhecimento sobre obras literárias?
2. Identifique as características dos subgêneros romance, conto, poesia, novela e texto dramático.
3. Cite os movimentos literários e suas principais características.
4. O que difere um clássico de livros de entretenimento?
5. De que forma o profissional em Biblioteconomia deve agir em relação à literatura infantil e juvenil?

REFERÊNCIAS

ALMEIDA, M. *Prosa do mar.* Rio de Janeiro: 7 Letras, 2008.

CALVINO, I. *Por que ler os clássicos.* São Paulo: Companhia da Letras, 2001.

ESTABEL, L. B.; MORO, E. L. da S. Biblioteca: espaço de aprendizagem, ação cultural e mediação de leitura. In: AMARAL, J. C. S. R. do (Org.). *Fundamentos de apoio educacional.* Porto Alegre: Penso, 2014.

GONZAGA, S. *Curso de literatura brasileira.* Porto Alegre: Leitura XXI, 2004.

LEITE, L. C. M. *O foco narrativo.* 6. ed. São Paulo: Ática, 1993.

MORAES, V. *Livro de sonetos.* 2. ed. aum. Rio de Janeiro: Sabiá, 1967.

LEITURA RECOMENDADA

CARA, S. A. *A poesia lírica.* 3. ed. São Paulo: Ática, 1989.

Maria Cristina Caminha de Castilhos França

capítulo 7

Memória e informação

Neste capítulo trataremos sobre a relação que se estabelece no mundo contemporâneo entre a memória e a informação. A questão principal que devemos analisar é: em que medida os atuais meios de comunicação e, por conseguinte, as informações e os anúncios por eles veiculados, refletem as necessidades e as vicissitudes da vida diária de uma dada comunidade, ou ainda, da sociedade de uma forma mais ampla?

O capítulo aborda cada um dos temas implicados para provocar a reflexão sobre a possibilidade de um ambiente comunicativo capaz de contemplar a partilha de informações que comuniquem e, de algum modo, revelem uma memória comum.

Objetivos deste capítulo

- Identificar o papel da memória social e suas implicações em uma comunidade/sociedade.
- Identificar o papel da informação e, por meio dessa, reconhecer a possibilidade de estruturação de laços sociais em um ambiente comunicativo.
- Distinguir alguns tipos de informação e apreender formas que constituam espaços eficazes de criação e partilha de uma memória coletiva.
- Avaliar dinâmicas intercomunicativas que promovam saberes e sinergias entre as diversas expressões da memória social e as formas de comunicação.

> [...] Tudo isso aponta para o parentesco entre esse sentido prático e a natureza da verdadeira narrativa. Ela traz sempre consigo, de forma aberta ou latente, uma utilidade. Essa utilidade pode consistir por vezes num ensinamento moral, ou uma sugestão prática, ou também num provérbio ou norma de vida – de qualquer maneira, o narrador é um homem que sabe dar conselhos ao ouvinte. Mas, "se dar conselhos" soa hoje como algo antiquado, isto se deve ao fato de as experiências estarem perdendo a sua comunicabilidade. Em consequência, não podemos dar conselhos nem a nós mesmos nem aos outros. Aconselhar é menos responder a uma pergunta do que fazer uma sugestão sobre a continuação de uma história que está se desenrolando. Para obter essa sugestão sobre a continuação de uma história que está se desenrolando, seria necessário primeiro saber narrar a história (sem contar que um homem só é receptivo na medida em que verbaliza a sua situação). O conselho tecido na substância da vida vivida tem um nome: sabedoria. A arte de narrar aproxima-se do seu fim porque a sabedoria – o lado épico da verdade – está em extinção. [...]
>
> Walter Benjamin, 1994.

O fim da arte de contar histórias compromete a totalidade ou o corpo social; e tecer memórias da vida em comunidade seria, na visão do autor, uma nova forma de narratividade necessária para a manutenção da transmissão de uma experiência no sentido pleno. Walter Benjamin acena para a necessidade de conceber uma comunidade de vida e de discurso, sendo que essa possibilitaria a experiência vivida significativa tanto ao narrador, quanto ao ouvinte. Ou seja, a comunidade da experiência proporcionaria àquele que conta transmitir um saber, uma sapiência prática; e aos ouvintes, a possibilidade de um caminho, de uma advertência, de um conselho, os quais não consistiriam em intervir do exterior na vida do ouvinte, mas em "[...] fazer uma sugestão sobre a continuação de uma história que está sendo narrada" [...] (BENJAMIN, 1994, p. 216).

A modernidade, nesse ponto de vista, promove a perda da experiência coletiva construída na vivência de uma tradição comum e torna predominante outras formas narrativas, como o romance e a informação jornalística. Para Benjamin, tanto o romance quanto a informação têm a necessidade de explicar um acontecimento real ou fictício. Enquanto a informação deve manter a plausibilidade e o controle, o romance visa a encontrar o sentido, uma busca de algo não mais existente na modernidade: o sentido evidente e reconhecido por todos.

>> NA HISTÓRIA

Walter Benjamin (1892-1940) foi um teórico e crítico literário que participou e contribuiu para o sucesso da Escola de Frankfurt e para a nova concepção da teoria crítica, cujos princípios teóricos fundamentaram-se no pensamento marxista.

Uma das particularidades que determina a diferença entre a narrativa tradicional e as narrativas na modernidade é que a narrativa tradicional se caracteriza por sua abertura, enquanto o romance clássico, em sua necessidade de resolver a questão do significado da existência, busca a conclusão.

De fato, Benjamin e outros pensadores ligados à Escola de Frankfurt vivenciaram duas grandes guerras e uma Europa em crise, levando-os a uma posição crítica contundente das formas de controle social, as quais impuseram um universo unidimensional de ideias e de comportamentos reprodutores das forças do *establishment* que caracterizava uma sociedade industrial avançada. As lutas desses teóricos direcionavam-se à retenção do declínio da capacidade transformadora das sociedades capitalistas e ao desenvolvimento de novas formas de controle social, por meio de seus estudos e da divulgação de obras críticas e de oposição radical.

Essa introdução sugere que pensemos sobre nossas convicções e certezas e a naturalização das condições que a modernidade nos conformou. Vimos por meio de uma visão que nos parece tão distante, ainda no início do século XX, que nem sempre o que hoje nos é caro (o romance em livro, a informação) foi motivo de apreciação e valorização pela ciência. Na verdade, essas análises foram uma entre outras tantas alçadas pelos teóricos da época para dar luz à crescente força da destradicionalização das formas de vida, da individualização e das desigualdades sociais da sociedade industrial.

WWW

» NO SITE
Para saber mais sobre a Escola de Frankfurt, assista ao vídeo no ambiente virtual de aprendizagem.

» DEFINIÇÃO
Establishment é a ordem ideológica, econômica, política e social que determina o caráter de uma sociedade, de um Estado. Também é definido como o grupo que representa a classe social e política de poder, a qual defende a continuação dessa ordem.

» Memória individual, coletiva, compartilhada e social

A compreensão sobre a memória – seja ela individual ou coletiva – varia em suas abordagens teóricas. No entanto, é recorrente entre os autores que a memória é o instrumento fundamental do laço social. Ou seja, a memória é, além de um fenômeno de interiorização individual, uma construção social e um fenômeno coletivo.

Para Maurice Halbwachs (2004), a memória é, em parte, modelada pela família e pelos grupos sociais, cuja estrutura está fundada na experiência vivida, na imagem, nos afetos. Nessa direção, as lembranças são fortificadas pelas narrativas coletivas e também diante de acontecimentos públicos – as comemorações – que definem a história coletiva de um dado grupo social.

» DEFINIÇÃO
Laço social ou integração social, segundo Otávio Velho (1987, p. 618), é a dimensão ativa do sistema social com relação à propriedade de coesão, manutenção de fronteiras, eficiência processual e funcional por meio da participação e transmissão de padrões normativos entre os membros do sistema social.

Por sua vez, temos em Paul Ricoeur (1997) o desdobramento dos conceitos desenvolvidos pelos estudos de Halbwachs. Segundo Ricoeur, a **rememoração** é o produto de um processo de elaboração individual, e a **comemoração** é o trabalho de construção de uma memória coletiva; e ambas se processam pelos atos, inicialmente, de escuta de narrativas dos grupos de pertencimento e portadores de uma memória para que a seguir e após a apropriação da capacidade narrativa, seja possível contar histórias que têm origem nas relações intersubjetivas construídas no interior dos grupos sociais.

A tênue linha que determina o que é próprio da **memória individual** e o que é próprio da **memória coletiva** se inscreve em torno das identidades definidas no tempo e na ação, ou ainda, nas identidades que determinam os horizontes de expectativas dos sujeitos construídos, paulatinamente, nos espaços de experiência vivenciados por esses sujeitos.

Ao tratar sobre a **memória social**, vista em um plano mais abrangente, remetemos a Ricoeur quando este afirma que não é só a memória de um indivíduo que está em jogo; a memória "de um" é também a memória "de outro", nos ensina Ricoeur (2007), portanto, de um "nós".

Sugere-se que as relações sociais de todos os tipos, sejam elas transgeracionais ou entre contemporâneos, são fontes de comunicações recíprocas de experiências e de recomposição da memória vivenciada coletivamente, dinamizando formas de sociabilidade e espaços de interação que "falam" de um grupo de identidade em que a tradição é reinventada em um cotidiano reelaborado no âmbito do processo de modernização.

Mais ainda, trata-se de trocas sociais em que a memória é vivida nos círculos mais afetivos, mas igualmente relacionada a círculos mais amplos. Ou seja, as narrativas pensadas em diferentes suportes contam tanto as relações entre os próximos, aqueles do convívio cotidiano, mas também entre redes mais amplas, grupos sociais de referência, como os movimentos de uma geração (feminismo, luta de classes, etc.), os meios de comunicação de massa (televisão, rádio, etc.) e as políticas econômicas de instituições regionais, nacionais e internacionais.

Dessa forma, pode-se falar de uma **memória compartilhada** baseada nas relações que alimentam os sentimentos de pertencimento (grupo de trabalho, grupo de igreja, grupo político, grupo de vizinhança, etc.) em grupos considerados distantes e diferenciados, mas compartilhados em suas mudanças na conjuntura histórica.

>> PARA SABER MAIS

O tema festas de família foi abordado em uma tese de doutorado em Antropologia Social (ver Leituras Recomendadas ao final do capítulo). Esse encontro é visto como um espaço tradicional que trata da memória familiar, a partir da reordenação das relações entre seus membros, que se manifesta ao longo da produção de uma festa de família. Esses encontros propõem recompor a trajetória familiar a partir da noção de uma memória coletiva que se reatualiza diante das transformações vividas no processo dos cotidianos de seus antepassados e nos seus próprios, segundo as narrativas dos festeiros sobre as experiências de vida na família e na sociedade contemporânea. Segundo Claude Lévi-Strauss (1975), os homens, ao narrarem ("o mito") o que pensam, contam a si mesmos os eventos e acontecimentos que lhes significam e lhes dão sentido lógico de existência no mundo. Narrar o tema da família, das relações geracionais, das práticas e dos comportamentos familiares é tomar consciência dos eventos e acontecimentos que lhes tornaram o que são hoje. A divulgação desses aspectos aos membros do grupo familiar produz um estado mental que é ritualizado em eventos cotidianos (falar o dialeto, por exemplo, no caso de famílias oriundas das imigrações alemã e italiana) e em eventos extraordinários (festas anuais, por exemplo) que colocam em evidência a memória coletiva do grupo. Em todos os formatos de festa, não há dúvida quanto às facilidades de comunicação advindas do progresso técnico e tecnológico. Nesse sentido, o tema dos encontros familiares relaciona-se a novas formas de relações, interações e sociabilidades suscitadas pelas tecnologias advindas de um mundo globalizado. As atuais tecnologias de comunicação – telefone, internet, correio, etc. – apresentam-se como fortes aliadas no árduo trabalho para compor as genealogias, análogo à tarefa dos arqueólogos: a reconstrução das redes de parentesco com base em rastros, indícios.

>> Lugares, memórias e relações sociais

Consideramos a sociedade atual com as intensas alterações a que foi e está sendo submetida pelo processo de globalização e todos os seus desdobramentos promovidos na ordem das relações sociais – o século XX presenciou mudanças dramáticas em todas as dimensões da vida cotidiana.

Apesar do fascínio pela informação internacionalizada e pela aparente homogeneização de valores, estrutura-se um paradoxo quando há a revitalização e valorização do espaço local, da comunidade, do familiar. Esse interesse pelas origens insere-se nesta complexidade e nos faz ver o mundo por meio das relações e **articulações entre global e local**.

Ou seja, passamos a vivenciar simultaneamente as duas dimensões. Alguns autores justificam esse processo de diferentes formas, mas, em síntese, podemos compreender a valorização do local como uma forma de defesa à hostilidade causada pela impessoalidade do processo de globalização.

O local aqui denominado refere-se ao que vivemos em comunidade. Há muitas definições sobre essa comunidade. No entanto, vamos aderir a uma noção que compreende avanços sobre o conceito propriamente dito. Iniciamos, então, com **Ferdinand Tönnies** (1973), que trabalha com as **contraposições entre comunidade e sociedade**, cuja existência de processos comunitários estaria ligada a uma vontade comum, à língua e às afirmações recíprocas. Ou seja, para o autor a vida em comunidade baseia-se em relações sociais e, ao pensar a vida urbana, acena para a representação dessas relações sociais por meio da comunidade de vizinhança – a comunidade deveria ser pensada sempre em relação à vida em grupos coesos, solidários e unidos por interesses compartilhados.

Seguidor da teoria desenvolvida por Ferdinand Tönnies (1973), **Martin Buber** (1987) avança ao reconhecer e antecipar que as noções de parentesco e de território, caras a Tönnies, não são imperativos e obrigatoriedades para caracterizar uma comunidade, mas sim a comunhão de escolhas, a vontade comum, a partilha de uma mesma expectativa, aproximando-se do que atualmente compreendemos como **comunidades virtuais**.

A discussão sobre as formas de organização social na sociedade contemporânea compreende inúmeros autores, mas tomaremos como base **Marcos Palácios** (2001), que aponta para alguns elementos fundamentais que caracterizam uma comunidade na atualidade: os sentimentos de pertencimento e de comunidade, a permanência que se opõe à efemeridade promovida pela globalização/consumo, uma territorialidade objetiva ou simbólica e novas formas de comunicação entre os membros. Segundo o autor, o aspecto territorialidade passa a ter um novo sentido: **desvincula-se da localização o sentimento de pertencimento** (fator que fundamenta a estruturação de uma comunidade). Assim, é possível pertencer a distância, possibilitando a coexistência das relações diretas ou face a face e das relações a distância, mediadas por tecnologias, salvaguardada a manutenção do sentimento de pertencimento em ambas.

Sob essa perspectiva, a territorialidade deduzida de um aspecto tanto físico como também simbólico. Está implicada nessa coexistência a relevância do sentimento de pertença, e o que determina a sua permanência é a vontade e os interesses dos membros.

>> PARA SABER MAIS

"Ambientes virtuais: espaços de interação e superação do isolamento em adolescentes portadores de fibrose cística". Esse caso está sendo extraído da tese de doutorado na área de Informática em Educação defendida em 2011 pela professora Dra. Eliane Moro (ver Leituras Recomendadas ao final do capítulo). Em resumo, um fator importante para ilustrar a perspectiva sobre a territorialidade é quando jovens em isolamento hospitalar encontram nas redes sociais uma forma/estratégia de desenvolver processos de interação, o compartilhamento de interesses e a construção colaborativa e cooperativa por meio do *blog* Cor@gem (http://projetocoragem.blogspot.com). Esse espaço virtual se traduz em uma "territorialidade" compartilhada por uma comunidade que encontra nesse dispositivo uma forma de estruturar a memória de experiências vividas individualmente, mas que identificam situações cuja descrição mostra-se comum a todos os membros.

Por fim, consideremos os estudos desenvolvidos por **William Mitchell** e a seguinte afirmação:

> Lugares e memórias sempre representaram dois paradigmas fundamentais na configuração das comunidades, na evolução das culturas e das relações entre as pessoas. Porém, é evidente que em nossa época, em que as arquiteturas real e virtual se fundem, precisamos fazer frente a novas configurações de lugar, memória e relações sociais. (MITCHELL, 2006, p. 52).

Nesse sentido, os limites imprecisos dos novos lugares que se formam levam as comunidades a buscarem **estratégias para a construção e preservação das suas memórias.** Trata-se de usos de espaços virtuais – banco de dados, álbuns de imagens, museus virtuais – que complementam as experiências e as memórias vivas compartilhadas na comunidade. A comunidade necessita da memória para existir e permanecer e, com base nessa premissa, "a ideia de conexão, de vínculo, pressupõe a comunicação e a partilha da informação".

>> DEFINIÇÃO
Museu virtual, também conhecido como museu *online*, hipermuseu ou cibermuseu, é um espaço paralelo e complementar, que trabalha o patrimônio por meio de ações museológicas, mas que não necessariamente tem suas portas abertas ao público em seu espaço físico.

>> A informação

Conforme algumas breves reflexões já realizadas, o século XX caracterizou-se por ampliar as conexões entre os sujeitos, "encurtando os territórios", os quais anteriormente dificultavam não só a mobilidade, mas também a divulgação de informações. Na segunda metade do século citado, há o **desenvolvimento das Tecnologias de Informação e de Comunicação** (TICs) que vai produzir profundas transformações na organização social e na vida dos indivíduos.

>> NO SITE
Para conhecer alguns exemplos de museu *online*, visite o ambiente virtual de aprendizagem.

Antes chamada de pós-industrial, a sociedade passa a ser denominada "informacional" (CASTELLS, 2000), ainda que sem uma reflexão criteriosa sobre o que o termo significava. A certeza era de que a **sociedade da informação** estava ligada à expansão e reestruturação do capitalismo desde a década de 1980. Um conjunto de fatores, entre eles as TICs, e o destaque à ideia de flexibilidade (noção motriz das transformações organizacionais) promoveram de forma eficaz e rápida os processos de desregulamentação, privatização e ruptura do modelo de contrato social entre capital e trabalho, característicos do período anterior, o capitalismo industrial.

Esses fatores constituem uma tendência de amplo domínio das economias ainda em processo de industrialização e definiram um novo paradigma, o da **Tecnologia da Informação**, cuja inoculação atribui significativa transformação nas relações entre a economia e a sociedade. Segundo Castells (2000), são cinco as características fundamentais da Tecnologia da Informação:

- As tecnologias e o fato de que essas deslocam a forma de atuação da informação, que anteriormente tinha seu uso voltado ao desenvolvimento de tecnologias, e hoje, são as tecnologias que promovem a informação;
- A penetrabilidade enquanto um dos efeitos das tecnologias e da informação;
- A lógica das redes que passam a predominar, uma vez que a abrangência das tecnologias ocupa gradativamente os processos que estruturam as atividades humanas;
- A flexibilidade que passa a atuar diretamente sobre a reversão de processos e, com ela, a reordenação e a reconfiguração de seus componentes;
- E, por fim, a convergência de tecnologias e a interligação entre elas que favorece a reflexão e a ação sobre os processos.

O avanço tecnológico que começava a ocorrer no mundo gerava um significativo processo de transformação social. Por sua vez, os indivíduos perceberiam como um movimento "autônomo", aderindo a um comportamento passivo frente à situação paradoxal que acometia a sociedade de modo geral.

As Tecnologias de Informação e de Comunicação, inicialmente, na medida em que, de forma imediata, conectavam os indivíduos ao restante do mundo, excluíam desse processo inúmeros sujeitos, aqueles que não tinham acesso por ausência de conhecimento ou por ausência de recursos materiais. Observa-se, então, que a sociedade da informação reproduz as desigualdades entre países e grupos sociais, deslocando as condições de riqueza e pobreza das ordens tradicionais para a ordem da informação.

>> PARA SABER MAIS

Para aprofundar o tema sobre as alterações no mundo do trabalho e a desarticulação das forças sindicais, consulte as obras de Ricardo Antunes e de Antônio David Cattani.

Por fim, a mediação do Estado para o avanço tecnológico que, por sua vez, estava relacionada à expansão e reestruturação do capitalismo, levou a sociedade à informação e à consciência de sua interconectividade com os outros. Esse movimento levou os indivíduos, gradativamente, a se identificarem com questões e processos globais. Para **Anthony Giddens** (2002), a mudança para uma **perspectiva global** pode ser analisada a partir de duas dimensões. A primeira trata da vinculação dos indivíduos a comunidades globais e a consequente expansão de sua responsabilidade social para além das fronteiras de seu país, com o reconhecimento de situações de precariedade e infortúnio de outros povos e a disponibilização de sua atuação, como parte de uma comunidade internacional, para a proteção dos direitos humanos das pessoas que vivem sob vulnerabilidade, por exemplo. A segunda dimensão é a identificação ampliada a outras fontes, para além daquela estruturada pelo estado-nação. As identidades culturais locais, por exemplo, encontraram espaço frutífero para reinventar antigas tradições, justamente pelo enfraquecimento do estado-nação como fonte de identidade.

» Implicações contemporâneas: a memória e a informação

É inegável a importância da memória e da informação, e das consequências da inter-relação entre elas. De acordo com **Warwick**, "[...] a comunidade humana tem necessidade da memória para existir [...]" (WARWICK, 2006, p. 106). O autor complementa a sua sentença afirmando que a comunidade tem necessidade de uma **memória cultural**, mas também de algo mais amplo, como "pontos de focalização" que podemos traduzir como **pontos de interesse**.

Nessa mesma direção, vemos a noção de comunidade em **Pierre Lévy** (2006), que traz a premissa do **compartilhamento**. Para além da comunidade na qual consideramos a questão da identidade, dos conflitos, das afetividades, dos modos de vida, etc., o autor traz estudos aprofundados sobre o que chama de comunidade virtual. Na sua definição desse "espaço para comunicação aberto pela internet", a representação é de um tipo de paisagem mental coletiva de centros de interesse, ou de paixões, ou de áreas de competência.

A comunicação em rede é, em suma, uma interação humana multiforme que permite distribuir melhor a informação e o tempo. No que se refere à memória desenvolvida em uma comunidade virtual, procede o seguinte argumento:

a memória surge da interação entre os membros de qualquer grupo e é sempre um processo de síntese, de esquematização, de interpretação – isto é, ela possui uma dimensão subjetiva. Da mesma forma, a maneira de organizar as informações, os acontecimentos, as lembranças, as imagens, as emoções em uma memória viva está, rapidamente, sendo construída em uma memória em rede por conta da produção de novos instrumentos técnicos de comunicação e auxílio à memória. Pelo fato de estar em rede, está se constituindo uma **memória universal modelada pela interconexão das subjetividades coletivas**.

Por fim, ao relacionar a memória em rede ou virtual, ou ainda universal, à interconexão das subjetividades coletivas, há de se considerar fundamental o capital social dos membros de uma comunidade, bem como o desenvolvimento de um sentimento de confiança mútuo. Nem todas as redes sociais chegam ao *status* de comunidade, e a importância da memória está na conquista do tempo presente, na sua compreensão e na convivência em uma "[...] existência poética, não apenas uma existência funcional e utilitária [...]", segundo Edgar Morin (2006).

Agora é a sua vez!

1. Diferencie os tipos de memória: individual, coletiva, social e compartilhada.
2. Qual é o papel da memória social para as comunidades?
3. De que forma a informação pode contribuir para a estruturação de laços sociais em um ambiente comunicativo?

REFERÊNCIAS

BENJAMIN, W. *Magia e técnica, arte e política:* ensaios sobre literatura e história cultural. 7. ed. São Paulo: Brasiliense, 1994. (Obras escolhidas, 1).

BENJAMIN, W. *O narrador*. 2. ed. São Paulo: Abril Cultura, 1983. (Os pensadores).

BUBER, M. *Sobre comunidade*. São Paulo: Perspectiva, 1987.

CASTELLS, M. *A Era da informação:* economia, sociedade e cultura. São Paulo: Paz e Terra, 2000. (A Sociedade em Rede, 1).

GIDDENS, A. *Modernidade e identidade*. Rio de Janeiro: Zahar, 2002.

HALBWACHS, M. *A memória coletiva*. São Paulo: Centauro, 2004.

LÉVY, P. A memória como processo no tempo presente. In: CASALEGNO, F. *Memória cotidiana:* comunidades e comunicação na era das redes. Porto Alegre: Sulina, 2006. p. 263-286.

MITCHELL, W. Lugares, arquiteturas e memórias. In: CASALEGNO, F. *Memória cotidiana:* comunidades e comunicação na era das redes. Porto Alegre: Sulina, 2006. p. 52-63.

MORIN, E. Partilhar a memória para uma existência poética. In: CASALEGNO, F. *Memória cotidiana:* comunidades e comunicação na era das redes. Porto Alegre: Sulina, 2006. p. 131-144.

PALÁCIOS, M. O medo do vazio: comunicação, socialidade e novas tribos. In: RUBIM, A. A. (Org.). *Idade mídia.* Salvador: UFBA, 2001. p. 88-106.

RICOEUR, P. *A memória, a história, o esquecimento.* Campinas: UNICAMP, 2007.

RICOEUR, P. *Tempo e narrativa.* São Paulo: Papirus, 1997. v. 3.

TÖNNIES, F. Comunidade e sociedade como entidades típico-ideais. In: FERNANDES, F. (Org.). *Comunidade e sociedade:* leituras sobre problemas conceituais, metodológicos e de aplicação. São Paulo: Companhia Editora Nacional; EDUSP, 1973. p. 96-116.

VELHO, O. G. Laço social. In: FUNDAÇÃO GETÚLIO VARGAS. *Dicionário de ciências sociais.* 2. ed. Rio de Janeiro: FGV, 1987.

WARWICK, K. Memória cibernética e cérebro em rede. In: CASALEGNO, F. *Memória cotidiana:* comunidades e comunicação na era das redes. Porto Alegre: Sulina, 2006. p. 105-114.

LEITURAS RECOMENDADAS

CASALEGNO, F. *Memória cotidiana:* comunidades e comunicação na era das redes. Porto Alegre: Sulina, 2006.

FERNANDES, F. (Org.). *Comunidade e sociedade:* leituras sobre problemas conceituais, metodológicos e de aplicação. São Paulo: Companhia Editora Nacional; EDUSP, 1973.

FRANÇA, M. C. C. C. Fundamentos sociológicos voltados à administração. In: FARIAS, C. V. S. (Org.). *Técnico em administração:* gestão e negócios. Porto Alegre: Bookman, 2013. p. 97-116.

FRANÇA, M. C. C. C. *Memórias familiares em festa:* estudo antropológico dos processos de reconstrução das redes de parentesco e trajetórias familiares. 2009. 347 f. Tese (Doutorado em Antropologia Social) – Instituto de Filosofia e Ciências Humanas, Universidade Federal do Rio Grande do Sul, Porto Alegre, 2009. Disponível em: <http://hdl.handle.net/10183/15913>. Acesso em: 24 set. 2013.

MORO, E. L. S. *Ambientes virtuais de aprendizagem e recursos da Web 2.0 em contexto hospitalar:* rompendo a exclusão temporária de adolescentes com fibrose cística. 2011. 248 f. Tese (Doutorado em Educação) – Faculdade de Educação, Universidade Federal do Rio Grande do Sul, Porto Alegre, 2011. Disponível em: <http://hdl.handle.net/10183/32216>. Acesso em: 24 set. 2013.

Filipe Xerxeneski da Silveira
Kátia Soares Coutinho

capítulo 8

Tecnologias de Informação e de Comunicação e os recursos da *web* na biblioteca

Neste capítulo são apresentadas ferramentas que auxiliam o técnico em Biblioteconomia a buscar e a recuperar informações, bem como a compartilhar com os usuários os conhecimentos por meio da rede e de software de automação. De fato, cabe aos profissionais da informação o dever de orientar seus usuários na utilização das Tecnologias de Informação e de Comunicação e, sempre que possível, incentivar a cooperação e o compartilhamento de informações.

Objetivos deste capítulo

- Distinguir as principais ferramentas das Tecnologias de Informação e de Comunicação disponíveis na rede.
- Identificar as fontes de informação disponíveis na *web*.
- Estimular nos usuários da biblioteca a busca pela informação.

Um dos objetivos a serem alcançados por quem trabalha em uma biblioteca é o de buscar a interação entre a unidade de informação e os leitores por meio da apropriação e do uso das Tecnologias de Informação e de Comunicação (TICs). Seu papel é disponibilizar *links* úteis para os usuários, mantendo um intercâmbio sobre atividades e novos conhecimentos na área, procurando novidades e sugerindo melhorias para a instituição.

A inclusão social e digital e o aprimoramento das atividades laborais da comunidade de leitores da unidade de informação onde o profissional atua são metas atingíveis da seguinte forma:

- Incentivo aos colegas que apresentam dificuldades com as ferramentas digitais;
- Sugestão de outras formas de recuperar as informações e de novos caminhos semânticos aos usuários que desconhecem determinados recursos.

A seguir apresentamos algumas ferramentas da Tecnologia de Informação e de Comunicação e os recursos da *web* que impactam na rotina dos profissionais da área.

Editores de texto virtuais: a escrita na *web*

PARA REFLETIR

Antes de surgir o computador e a internet, o processo de produção da escrita em grupo dependia de inúmeras reuniões para troca e compartilhamento de ideias, que posteriormente eram registradas em máquinas de escrever. Você consegue imaginar como seria a sua vida se não existisse computador e internet?

Atualmente, com a popularização das TICs, a reflexão escrita realizada em grupo pode ser feita de maneira muito prática, com economia de tempo e sem o deslocamento geográfico dos participantes. O uso de editores de textos virtuais dispensa as reuniões presenciais: tanto o Skydrive (vinculado ao Hotmail) como o Google Docs (atualmente denominado Drive) proporcionam a escrita colaborativa, onde vários autores elaboram seu texto de forma conjunta, podendo compartilhá-lo publicamente com todos os internautas, apenas com o próprio grupo de trabalho ou armazená-lo de forma totalmente privativa.

>> **NO SITE**
Para conhecer melhor os editores de textos virtuais Skydrive e Google Drive, acesse o ambiente virtual de aprendizagem.

Já o Docs/Drive é um pacote gratuito com vários aplicativos que disponibiliza os seguintes recursos:

- Síncronos: quando duas ou mais pessoas estão *online* ao mesmo tempo. P. ex.: *chat*;
- Assíncronos: quando há inserção de comentários referentes a determinados trechos previamente destacados do texto. P. ex.: Google Drive.

Os tipos de documentos em ambos os programas também são similares aos editores convencionais, sendo compatíveis com o Microsoft Office e o Open Office.org., por exemplo. Seus recursos (editor de textos, editor de planilhas, editor de apresentações e editor de formulários) (GOMES, 2009) podem ser acessados e editados de qualquer lugar que disponha de uma plataforma com acesso à internet. Os documentos são automaticamente salvos na "nuvem computacional", não ocupando espaço nos discos rígidos ou nas memórias externas, como os *pendrives*, evitando as várias versões enviadas e recebidas via correio eletrônico.

Buscadores

>> **NO SITE**
Para conhecer melhor os buscadores Yahoo, Ask e Bing, acesse o ambiente virtual de aprendizagem.

Também denominados motores de busca ou de pesquisa, surgiram logo após a criação da internet, e propuseram a prestação de um serviço extremamente importante: a busca de qualquer informação na rede, apresentando os resultados de forma organizada, rápida e eficiente.

Os buscadores são um *software* projetado para encontrar as informações desejadas pelo usuário. Estas informações estão armazenadas em um sistema computacional e são recuperadas a partir de palavras-chave ou *tags* retiradas do próprio documento. Quanto mais específicas forem estas palavras-chave, melhores serão os resultados da busca, diminuindo o tempo necessário para encontrar as informações pertinentes. No entanto, quem realiza a busca por estas informações precisa ter um conhecimento básico das formas mais eficientes de recuperá-las por meio do uso correto dos operadores booleanos (Quadro 8.1).

Quadro 8.1 >> **Operadores booleanos**

AND	Para pesquisas avançadas, digite-os na caixa booleana de forma livre. Ex: **amendoim AND manteiga** recupera documentos tanto com a palavra amendoim quanto com a palavra manteiga.
OR	Encontra documentos contendo no mínimo uma das palavras ou frases especificadas. Ex: **leitura OR escrita** encontra os documentos contendo ou leitura ou escrita. Os documentos encontrados podem conter ambos os termos, mas não necessariamente.
NOT	Exclui documentos contendo a palavra ou frase especificada. Ex: **leitura NOT escrita** encontra documentos que contém leitura, mas não escrita.
NEAR	Localize documentos contendo tanto as palavras quanto as frases especificadas com até 10 palavras entre uma e outra. Ex: **amendoim NEAR manteiga** encontraria documentos com amendoim manteiga, mas provavelmente nenhum outro tipo de manteiga.
*	O asterisco funciona como truncagem: quaisquer letras podem tomar o seu lugar. Ex: **bass*** encontraria os documentos com bass, basset e bassinet. É preciso digitar pelo menos três letras antes do *. Também pode ser colocado no meio de uma palavra, quando não se tem certeza da sua ortografia correta.
( )	Os parênteses são usados para agrupar frases booleanas complexas. Ex: **(amendoim AND manteiga) AND (gelatina OR geleia)** localiza documentos com as palavras 'amendoim manteiga e gelatina' ou 'amendoim manteiga e geleia' ou ambos.
anchor:*text*	Localiza páginas que contêm a palavra ou frase especificada no texto de um *hiperlink*. Ex: **anchor:emprego+programação** encontra páginas com emprego em um *link* e com a palavra programação no conteúdo da página. Não coloque um espaço antes ou depois de dois pontos. É preciso repetir a palavra-chave para pesquisar mais de uma palavra ou frase. Ex: **anchor:emprego OR âncora:carreira** para localizar páginas com âncoras contendo ou a palavra emprego ou a palavra carreira.
object:*class*	Localiza páginas que contêm um objeto específico criado por outro programa, por exemplo, um objeto que pisca. Ex: **object:dinheiro** para localizar páginas utilizando objetos chamados dinheiro.
domain: *domainname*	Localiza páginas dentro do domínio específico. Ex: **domain:br** para localizar páginas do Brasil, ou use **domain:com** para localizar páginas de *sites* comerciais.
host:*hostname*	Localiza páginas em um computador específico. Ex: A pesquisa **host:www.shopping.com** localiza páginas no computador do Shopping.com e **host:dilbert.unitedmedia.com** localiza páginas no computador chamado dilbert em unitedmedia.com.
image:*filename*	Localiza páginas com imagens tendo um nome de arquivo específico. Ex: **image:livros** para localizar páginas com imagens chamadas livros.
like:*URLtext*	Localiza páginas similares ou relacionadas ao URL especificado. Ex: **like:www.abebooks.com** localiza *sites* que vendem livros usados e raros, similar ao www.abebooks.com; **like:sfpl.lib.ca.us/** localiza *sites* de bibliotecas universitárias e públicas. **like:http://www.indiaxs.com/** localiza *sites* sobre cultura no subcontinente indiano.
link:*URLtext*	Localiza páginas com um *link* para uma página com um texto do URL especificado. Ex: ***link*:www.myway.com** para localizar todas as páginas que fazem *link* com myway.com.

(*continua*)

Quadro 8.1 >> **Operadores booleanos** (*continuação*)

text:*text*	Localiza páginas que contêm o texto especificado em qualquer parte da página, com exceção de *tag* de imagem, *link* ou URL. Ex: **text:library** localiza todas as páginas com o termo biblioteca nelas.
title:*text*	Localiza páginas que contêm a palavra ou frase especificadas no título da página (que aparece na barra do título da maioria dos navegadores). Ex: **title:crepúsculo** recupera páginas com crepúsculo no título.
url:*text*	Localiza páginas com uma palavra ou frase específicas no URL. Ex: **url:jardim** para localizar todas as páginas em todos os servidores que têm a palavra *jardim* em algum lugar no nome do *host*, na via ou no nome do arquivo.

Fonte: Pesquisando documentos na internet (2008).

>> **NO SITE**
Para conhecer melhor os recursos do buscador Google, acesse o ambiente virtual de aprendizagem.

Como cada mecanismo de busca tem o seu próprio sistema de pesquisa automática na *web* para encontrar o que está sendo solicitado pelo usuário, o uso de diferentes buscadores traz resultados diferentes, sendo interessante, em certos casos, a utilização dessa estratégia para diversificar os resultados.

Embora existam vários buscadores, a ferramenta de busca mais popular e conhecida atualmente é o Google, utilizado por mais de 80% dos internautas. Há, no entanto, certo desconhecimento sobre a totalidade dos serviços abrigados sob a etiqueta Google. Com alguns cliques do *mouse*, temos acesso a um farto cardápio de serviços gratuitos e relevantes para muitos leitores de nossas bibliotecas (Quadro 8.2).

Quadro 8.2 >> **Recursos do buscador Google**

Acadêmico	Recupera artigos científicos, teses, dissertações, monografias, trabalhos de conclusão de curso (TCCs), *papers*, relatórios. Também permite pesquisa avançada, sendo mais específico do que o "Pesquisa".
Agenda	Disponibiliza espaço para anotar compromissos diários.
Alerta	Monitora a *web* para ver conteúdo novo e interessante por meio de atualizações, enviadas por *e-mail*, dos mais recentes resultados relevantes do Google (*web*, notícias, etc.) com base nas consultas personalizadas do assinante.
Art Project	Apresenta obras de arte bidimensionais (quadros) de 17 museus em vários países.
Celular (Mobile Google)	Possibilita ao usuário a pesquisa de qualquer assunto, em qualquer lugar. Para isso, é preciso acessar a URL m.google.com.br no navegador do telefone móvel (escolhendo o sistema operacional: Android, Blackberry, iPhone, Nokia S60, entre outros).
Gmail	Disponibiliza o correio eletrônico e um bloco de tarefas a realizar.
Google +	É a rede social do Google. Proporciona a criação de círculos de amizade/relacionamento nos quais as informações podem ser compartilhadas de forma personalizada.

(*continua*)

Quadro 8.2 » **Recursos do buscador Google** (*continuação*)

Imagens	Oferece as opções de pesquisar com uma imagem em vez de texto: "arrastar uma imagem" ou pesquisar a URL da imagem. Permite enviar imagens de arquivos particulares.
Livros	Permite a busca (abrir e ler) ou a aquisição (Google Play) de diversos títulos de livros e revistas, bem como criar uma biblioteca (livros preferidos, resenhas, etc.). Trechos de algumas obras podem ser visualizados/lidos gratuitamente.
Mapas	É um localizador geográfico. A opção Maps GL oferece *tours* fotográficos por pontos de referência em 3D, visualização de construções em 3D, vista aérea de 45 graus e acesso rápido ao Street View, sem precisar de *plug-in*.
Notícias	Permite escolher o formato, as fontes e os assuntos de notícias veiculadas na mídia.
Pesquisar	Recupera milhares de páginas em diversos formatos sobre determinado assunto. Permite a pesquisa avançada.
Play	Oferece conteúdos e aplicativos (jogos) pagos e gratuitos.
Picasa	Permite a criação de álbuns de fotos.
Reader	Agrega informações via RSS. Muito útil para acompanhar as postagens de *blogs/sites* favoritos.
Tradutor	Oferece traduções de vários idiomas.
YouTube	Permite o compartilhamento de vídeos. Plataforma de distribuição para criadores de conteúdo.

Fonte: Baseado em informações do Google (2013).

» Redes sociais

As redes sociais sempre existiram: são os contatos e as interações feitas no dia a dia entre as pessoas, os laços de amizade, de trabalho, de estudo, de vizinhança. No entanto, a partir das novas formas de comunicação e interação proporcionadas pelas TICs, esses relacionamentos expandiram-se, alargaram-se, e as redes sociais passaram a ser também virtuais.

Essas redes, reconfiguradas no ciberespaço, servem também para oferecer aos leitores da biblioteca um canal de comunicação mais interativo, onde o compartilhamento e a produção de conteúdo sejam efetivos, integrando-se perfeitamente ao serviço de referência e informação e educação do usuário.

A seguir elencamos alguns exemplos de redes sociais que se destacam por serem bastante populares e versáteis, sendo adaptáveis a várias instituições, como bibliotecas, escolas e empresas.

» *Blog*

Apresenta escrita variada e híbrida que agrega informação em diversas mídias, com sons, imagens, textos, vídeos e *links*. Os *blogs*, com seus seguidores, possibilitam o contato entre os internautas que iniciam discussões ou expressam suas opiniões pelos "comentários" que esta ferramenta disponibiliza.

Os *blogs* de bibliotecas são espaços de leitura, interação e lazer – e fontes de informação excelentes, devido ao seu caráter colaborativo, além de divulgarem serviços e ações desenvolvidos pela instituição e/ou setor, como salientam Coutinho, Moro e Estabel (2010).

WWW

» **NO SITE**
Para conhecer as principais plataformas para a construção de *blogs*, acesse o ambiente virtual de aprendizagem.

Figura 8.1
Exemplo de *blog*.
Fonte: Biblioteca ETS (2013).

» Facebook

Criado em 2004, sua história já foi transformada em filme de Hollywood, *A Rede Social* (direção de David Fincher, 2010). No dia 14 de setembro de 2012, alcançou a marca de 1 bilhão de assinantes, sendo o Brasil um dos cinco países com mais usuários em todo o mundo (G1 TECNOLOGIA E GAMES, 2012).

» Glogster

Cartaz virtual que permite a incorporação de música, foto, vídeo, imagem e texto, com muitos efeitos especiais e animações. Plataforma muito dinâmica, usada também por educadores.

» Instagram

É uma plataforma para compartilhar fotos obtidas especialmente por meio de aparelhos como *tablets* e telefones celulares. Oferece filtros para melhorar a imagem e a opção de envio para outras redes sociais, como Facebook, Twitter ou Tumblr.

» LinkedIn

Com mais de 175 milhões de usuários, esta rede social reúne pessoas com os mesmos interesses de carreira, gerenciando a identidade profissional de seus membros. Também divulga postos de serviço, cursos e contatos que auxiliam no aprimoramento de áreas de interesse referentes ao trabalho dos participantes.

» Pinterest

Painel *online* para "pendurar" fotos, pensamentos e compartilhar o que se gosta.

» Prezi

Alternativa às apresentações com *slides*, como o Power Point e os editores virtuais tipo Docs/Drive ou Skydrive, o Prezi é uma plataforma *online* que permite a incorporação de imagens e vídeos do YouTube, além de textos. Oferece a opção de *download* e também roda em aparelhos móveis. Baseia-se em *zooms* e rotações, recursos que conferem dinamismo e movimento às apresentações, e está sempre com novidades, como novas cores e temas.

» Skoob

Rede social voltada para os interesses relacionados a livros, autores, editoras e que reúne participantes que apreciam a leitura e querem compartilhar seus interesses literários e fazer novas amizades.

» Twitter

Microblog cujo limite é de 140 caracteres que serve para repassar, por meio de recados curtos, assuntos de interesse imediato e atual, e informações práticas, como *links* interessantes e contatos. No ambiente da biblioteca, é útil para divulgar palestras, serviços de permuta de obras, dicas de leituras ou novas aqui-

> **» IMPORTANTE**
> O profissional que gerencia a biblioteca tem de estar atento às mudanças que acontecem na internet. A *web* caracteriza-se por ser um meio de comunicação extremamente volátil, com fácil migração de usuários entre as várias plataformas disponibilizadas.

sições realizadas no dia. Tem "seguidores", como outras redes sociais, e uma linguagem peculiar, a *hashtag*.

Interessante notar que algumas dessas redes sociais de certa forma competem entre si, oferecendo novos e variados aplicativos para encantar e capturar a atenção do internauta. Também as preferências dos usuários variam ao longo do tempo: há alguns anos, o Orkut era o preferido entre os brasileiros; agora, há uma utilização global do Facebook.

O serviço de referência de uma biblioteca se beneficia da interatividade e do contato direto com os leitores proporcionados pelas redes sociais.

> **» CURIOSIDADE**
>
> O Center for Learning & Performance Technologies (2012) (Centro de Tecnologias para Aprendizagem e Desempenho, tradução nossa) compila anualmente as "Top 100 Tools for Learning 2012" (100 Melhores Ferramentas Digitais para Aprendizagem 2012, tradução nossa). A maioria dessas ferramentas é gratuita e a compilação é realizada tendo por base a votação de 582 especialistas em Educação de todo o mundo. O resultado é compartilhado na *web* por meio do Slideshare. Para saber mais, acesse o ambiente virtual de aprendizagem.

» Fontes de informação na *web*

Em um cenário de inúmeras modificações, as bibliotecas têm assumido um papel decisivo na sociedade, pois funcionam como um organismo aberto às mudanças ocasionadas pelo surgimento das TICs. Atentos a esses novos cenários informacionais, tanto os bibliotecários quanto os técnicos em Biblioteconomia necessitam aprimorar-se quanto ao uso das TICs e dos mais variados recursos oriundos delas. Esses profissionais passam a assumir o papel de mediadores entre a informação e os recursos da *web*.

Na visão de Moro e Estabel (2011), é de fundamental importância o uso dos recursos tecnológicos, seja no suporte papel, seja no suporte eletrônico, em nossas bibliotecas, pois desta forma o bibliotecário se transforma em um facilitador e mediador para as buscas realizadas pelos usuários em qualquer graduação, desde o ensino fundamental até a educação superior.

Nos currículos dos cursos de Biblioteconomia no Brasil, há disciplinas que tratam de fontes de informação, cujo objetivo principal é oportunizar aos discentes o aprendizado e a prática respectivos. Consequentemente, os profissionais formados por meio de um currículo que contemple tais disciplinas terão condições de disponibilizar aos usuários o acesso aos mais variados recursos oriundos dessas fontes de informação.

O mundo do trabalho tem exigido um perfil profissional mais proativo, com uma formação interdisciplinar e uma visão holística por parte dos bibliotecários e técnicos em Biblioteconomia. Com a mudança de paradigma do acervo para o acesso, esses profissionais precisam pensar no desenvolvimento das coleções e das fontes de informação, no treinamento dos usuários nos sistemas e nas bases de dados utilizados na biblioteca e em todas as atividades voltadas à prestação de serviços ao usuário, tanto direta como indiretamente, incluindo a divulgação de informações sobre o setor (MACIEL; MENDONÇA, 2000).

Se antes as **fontes de informação primárias**, que incluem textos completos relevantes aos produtos de informação elaborados por um autor (livros, artigos de revistas, teses e dissertações, legislação, e outras), existiam apenas no formato papel, hoje este cenário mudou. Os livros, aos poucos, estão sendo comercializados em outros formatos, como é o caso dos *e-books*.

As coleções de revistas, que ocupavam vastos espaços nas bibliotecas, estão sendo substituídas por acessos remotos, por meio dos portais de periódicos. Um exemplo disso é o Portal de Periódicos CAPES (2010), uma das maiores bibliotecas virtuais do mundo, que reúne conteúdo científico de alto nível disponível à comunidade acadêmico-científica brasileira. Em 2012, o portal aprimorou sua forma de acesso para a comunidade usuária. Às instituições participantes da chamada Comunidade Acadêmica Federada (CAFe) é oferecido acesso remoto: o conteúdo disponível pode ser acessado pelos usuários das instituições participantes a qualquer horário e em qualquer lugar do mundo.

O mesmo ocorre com teses e dissertações, trabalhos de conclusão de cursos de graduação e especialização, entre outros, que há até poucos anos eram entregues pelos autores apenas impressos às bibliotecas. Atualmente existem os repositórios digitais, que armazenam, preservam e disseminam o acesso à produção intelectual da comunidade acadêmica nas instituições. Com o aparecimento dos repositórios digitais, o acesso à informação no meio digital nos trouxe a perspectiva de acessar gratuitamente textos completos de forma mais dinâmica, disponibilizando à comunidade usuária o contato direto com a vasta produção científica das maiores universidades brasileiras.

O caso das **fontes de informação secundárias**, que são obras referenciadas por um segundo autor (bibliografias, dicionários, enciclopédias, catálogos, entre outros), não é diferente. Os usuários conseguem facilmente acessar dicioná-

>> **DEFINIÇÃO**
O termo *web* 2.0, cunhado por Tim O'Reilly, atualiza a forma como os internautas interagem com a *web*. Assim, aproveitando a inteligência coletiva, quem utiliza a *web* 2.0 deixou de ser um simples usuário, tornando-se ator do processo de comunicação, pois, além de acessar a informação, ele produz, comenta e interfere, participando ativamente das redes de colaboração.

rios *online* de forma gratuita ou paga. Um exemplo claro do advento das TICs em bibliotecas a decisão da Enciclopédia Britânica, que em 2012 anunciou o fim de sua versão impressa. Após 244 anos no mercado, a empresa preferiu abraçar as tendências da *web* 2.0 e dedicar-se apenas a sua versão *online*, assim como ocorre com a Wikipedia, enciclopédia multilíngue *online* livre e colaborativa.

Selecionar informações de qualidade na internet é um dos principais desafios de nossa atualidade, tanto para bibliotecários e técnicos em Biblioteconomia, quanto para a comunidade que utiliza a informação para múltiplos fins (utilidade pública, trabalhos acadêmicos, negócios, entre outros). Os profissionais que atuam em ambientes informacionais têm a missão de orientar os usuários quanto à qualidade da informação a ser recuperada em fontes de acesso público na era da *web* 2.0.

Alguns fatores devem ser avaliados no momento das buscas:

- Precisão: se a informação é verídica e atende à necessidade do público-alvo;
- Objetividade: se a informação é imparcial e baseada em fatos;
- Consistência e relevância: se os conteúdos apresentados e as fontes citadas são coerentes;
- Clareza e facilidade de compreensão;
- Atualização;
- Integridade;
- Acessibilidade.

Quanto às **fontes de informação terciárias**, geradas com valor agregado a partir das fontes primárias e secundárias (bibliografias de bibliografias, catálogos de bibliotecas, índices e diretórios, entre outros), também é possível o acesso de qualquer local com internet, suprindo desta forma a distância entre a informação e seu usuário.

>> *Software* para automação de bibliotecas

Com o grande avanço tecnológico na sociedade do conhecimento, a avaliação e escolha de um *software* para gerenciar as coleções em nossas bibliotecas não é uma tarefa simples. Os catálogos das bibliotecas no Brasil começaram a ser informatizados a partir do final da década de 1980. Já no final da década de 1990, houve um aumento considerável na quantidade de opções de *software* para gerenciamento de acervos. Surgiram os chamados *software* livre, também conhecidos como *open source*, ou *software* de código aberto. Ao contrário de um *software* proprietário ou não livre, onde a aquisição de uma licença é necessária para uso/cópia e as modificações são proibidas por seus proprietários e distribuidores, o *software* livre é passível de modificações, cópia, estudo e redistribuição sem restrição. A seguir (Quadro 8.3) apresentamos três opções de *software* livre utilizados por muitas bibliotecas.

Quadro 8.3 » ***Software* livre para bibliotecas**

Biblivre	Trata-se de um *software* para catalogação e difusão de acervos de bibliotecas públicas e privadas, de variados portes. Além disso, qualquer pessoa pode compartilhar no sistema seus próprios textos, músicas, imagens e filmes.
Gnuteca	O *software* é aderente a padrões conhecidos e utilizados por (*Continua*) bibliotecas, como ISIS (Unesco) e MARC21 (LOC – *Library of Congress*). Por ter sido desenvolvido dentro de um ambiente CDS/ISIS, o Gnuteca prevê a fácil migração de acervos deste tipo, além de vários outros.
PHL	Aplicação *web* especialmente desenvolvida para administração de coleções e serviços de bibliotecas e centros de informações. Foi concebido como uma alternativa a bibliotecas e usuários com poucos recursos (financeiro e de pessoal) e que pretendem organizar suas coleções, automatizar rotinas e serviços e/ou disponibilizar e compartilhar seus catálogos pela *web*. O *Personal Home Library* (PHL) utiliza interface de uso intuitivo, não requerendo de seus usuários algum tipo especial de treinamento.

Fonte: BIBLIVRE (2013), Oliveira (2013) e SOLIS (2013).

Quanto ao *software* proprietário, ou pago, há muitas opções aos profissionais que atuam na área biblioteconômica. A seguir (Quadro 8.4), apresentamos alguns exemplos de *software* proprietário.

Quadro 8.4 » ***Software* proprietário para bibliotecas**

Aleph	O sistema integrado de bibliotecas ALEPH 500™ é baseado nos padrões da indústria. Algumas de suas facilidades são o uso de etiquetas RFID e o sistema de busca avançado.
Chronus Web®	Executado totalmente em ambiente *web* 2.0 e fornece funcionalidades do padrão Biblioteca 2.0.
Pergamum	O sistema contempla as principais funções de uma biblioteca, funcionando de forma integrada, com o objetivo de facilitar a gestão dos centros de informação, melhorando a rotina diária com os seus usuários. Sua comercialização iniciou em 1997 e atualmente está presente em 220 instituições, em aproximadamente 2.500 bibliotecas em todo o Brasil.
Sophia	*Software* para gestão de qualquer tipo de acervo ou biblioteca, seja ela de pequeno, médio ou grande porte. É a ferramenta ideal para profissionais da informação que desejam informatizar seus acervos e oferecer vários serviços aos usuários finais de forma rápida e simples. Uma das grandes vantagens é sua interface fácil e intuitiva, além da aderência a todos os padrões internacionais de Biblioteconomia: Código de Catalogação Anglo-Americano

(*continua*)

Quadro 8.4 » ***Software* proprietário para bibliotecas** (*continuação*)

	2ª edição – AACR2, Formato MARC 21, Protocolo Cliente Servidor Z39.50, Protocolo OAI-PMH, entre outros. Também opera de acordo com os padrões exigidos pelo MEC e tem como modelo de referência a norma ABNT NBR 6023.
Virtua	É um sistema integrado para automação, projetado para bibliotecas centralizadas, distribuídas ou consórcios de bibliotecas. Trata-se de um sistema cliente-servidor que utiliza a plataforma Windows para consulta e entrada de dados e os servidores Unix de diversos fornecedores para armazenamento e tratamento da informação.
Zeus	Utilizado para o controle de circulação em bibliotecas que realizam empréstimos, devoluções e reservas em mais de uma estação de trabalho simultaneamente, e permite integração total com bases de dados padrão CDS/ISIS (Microisis e/ou Winisis). Projetado para rodar em ambiente mono ou multiusuário, trabalha com código de barras, gerando etiquetas para os itens da biblioteca e carteiras de identificação para os usuários, além de calcular automaticamente os valores de multas e as suspensões por atraso. Também permite configurar diferentes níveis de acesso para os operadores e realizar pesquisas nas bases CDS/Isis informando a situação do material.

Fonte: Pergamum (2013), Sophia (2013), Via Appia (2013) e VTLS (2013).

Quanto à escolha de um *software* pago, inúmeros fatores devem ser levados em conta antes da decisão final:

- Preço: atentar ao que é ofertado no preço final do produto, como treinamentos à equipe, manutenções, etc;
- Descrição: considerar o todo do produto, especialmente os módulos oferecidos;
- Arquitetura: arquitetura cliente-servidor (estruturação dos aplicativos), interfaces gráficas, gerenciadores de banco de dados;
- Funções: avaliar as opções oferecidas (aquisição, catalogação, circulação, periódicos, acesso público à informação, compartilhamento de recursos, processos gerenciais, etc);
- Padrões: ISO 2709, MARC 21, UNICODE, etc.;
- Customização/configurações: analisar se as possibilidades estão de acordo com as especificidades da biblioteca;
- Catalogação: controle de autoridades, importação e exportação de registros bibliográficos, etc.;
- Pesquisa: interface *web*, diferentes possibilidades de busca, etc.;
- Informações aos usuários: reservas, renovações, débitos, etc.;
- Circulação: operacionalidades do módulo de circulação oferecidas pelo *software*;
- Módulo de aquisição: cadastro de pedidos de aquisição, controle de fornecedores, etc.;
- Periódicos: controle da coleção de periódicos, etc.;

- Acessibilidade: recursos e facilidade de navegação para pessoas com deficiência;
- Especificações técnicas, suporte e manutenção;
- Clientes que já utilizam o *software*.

Como vimos no decorrer deste capítulo, os profissionais da informação – sejam eles bibliotecários ou técnicos em Biblioteconomia – têm o dever de orientar seus usuários na utilização das TICs e, sempre que possível, incentivar a cooperação e o compartilhamento de informações, pois em nosso mundo globalizado

> [...] é necessário compreender que a construção verdadeiramente humana da Rede Mundial perpassa pela formação de uma rede de afetos fundamentada na tolerância às diferenças, na colaboração mútua – trocas de saberes, vivências, experiências – e na solidariedade entre as pessoas. (COUTINHO; MORO; ESTABEL, 2010).

» NO SITE
Para aprofundar seus conhecimentos sobre os assuntos tratados neste capítulo, acesse o ambiente virtual de aprendizagem.

» Agora é a sua vez!

1. Quais são as principais ferramentas das Tecnologias de Informação e de Comunicação disponíveis?
2. Descreva as características e as funções dos editores de texto virtuais.
3. Cite exemplos de operadores booleanos que podem ser utilizados para encontrar a informação por meio dos diferentes buscadores.
4. Por que o técnico em Biblioteconomia deve ter o conhecimento das Tecnologias de Informação e de Comunicação?
5. Quais fatores devem ser avaliados quando é realizada a busca por informações na rede?

REFERÊNCIAS

A REDE Social. Direção: David Fincher. Produção: Scott Rudin et al. Culver City: Columbia Pictures, 2010.

BIBLIOTECA ETS. *Blog*. [S.l.: s.n.], 2013. Disponível em: <http://bibliotecaets.blogspot.com.br/>. Acesso em: 25 set. 2013.

BIBLIVRE. O que é o BIBLIVRE. [S.l.: s.n., 2013]. Disponível em: <http://www.biblivre.org.br/joomla/>. Acesso em: 20 set. 2013.

CENTRE FOR LEARNING & PERFORMANCE TECHNOLOGIES. *Top 100 tools for learning 2012*. [S.l.: s.n., 2012]. Disponível em: <http://c4lpt.co.uk/top100tools/>. Acesso em: 25 set. 2013.

COUTINHO, K. S.; MORO, E. L. S.; ESTABEL, L. B. Internet na Biblioteca escolar: blog biblioteca ETS: criação e evolução desta ferramenta da Web 2.0. *Renote*, v. 8, n. 2, p. 1-10, 2010. Disponível em: <http://seer.ufrgs.br/renote/article/view/15212/8975>. Acesso em: 20 nov. 2012.

G1 TECNOLOGIA E GAMES. *Facebook alcança 1 bilhão de usuários ativos mensais.* [S.l.]: Globo, 2012. Disponível em: <http://g1.globo.com/tecnologia/noticia/2012/10/facebook-atinge-1-bilhao-de-usuarios-ativos-mensais.html >. Acesso em: 29 nov. 2012.

GOMES, L. *Curso essencial de Google.* São Paulo: Digerati Books, 2009.

GOOGLE. *Site*. [S.l., s.n], 2013. Disponível em: <https://www.google.com.br/>. Acesso em: 21 set. 2012.

MACIEL, A. C.; MENDONÇA, M. A. R. *Bibliotecas como organizações*. Rio de Janeiro: Interciência, 2000.

MORO, E. L. S.; ESTABEL L. B. Estratégias de busca através das tecnologias de informação e de comunicação para auxiliar professores e alunos no processo de pesquisa escolar. In: MORO, E. L. S. et al. (Org.). *Biblioteca escolar:* presente! Porto Alegre: Evangraf, 2011. p. 109-129.

OLIVEIRA, E. M. S. *PHL.net*. [S.l.: s.n., 2013]. Disponível em: <http://www.elysio.com.br/>. Acesso em: 20 set. 2013.

PERGAMUN. *Site*. Curitiba: Pergamun, 2013. Disponível em: <http://www.pergamum.pucpr.br/redepergamum/>. Disponível em: 03 out. 2013.

PESQUISANDO documentos na internet. [S.l: s.n.], 2008. Disponível em: <http://www2.assis.unesp.br/egalhard/Pesqlnt1.htm#simples>. Acesso em: 23 nov. 2012.

PORTAL DE PERIÓDICOS CAPES. *Site*. Brasília: Capes, 2010. Disponível em: <http://www.periodicos.capes.gov.br/>. Acesso em: 25 set. 2013.

SOLIS. *O que é Gnuteca?* Lajeado: SOLIS, 2013. Disponível em: <http://www.solis.org.br/projetos/gnuteca>. Acesso em: 20 set. 2013.

SOPHIA. *Sobre o SophiA biblioteca*. São José dos Campos: SophiA, [2013]. Disponível em: <http://www.portalsophia.com.br/SobreBiblioteca.aspx>. Acesso em: 03 out. 2013.

VIA APPIA. *Site*. Brasília: Via Appia, 2013. Disponível em: <http://www.viaapia.com.br/>. Acesso em: 03 out. 2013.

VTLS. *Site*. [S.l.]: VTLS, 2013. Disponível em: <http://www.vtls.com/>. Acesso em: 03 out. 2013.

LEITURAS RECOMENDADAS

AGUIAR, G. A. *Uso das ferramentas de redes sociais em bibliotecas universitárias:* um estudo exploratório na UNESP, UNICAMP e USP. 2012. 184 f. Dissertação (Mestrado em Ciência da Informação) – Universidade de São Paulo, São Paulo, 2012. Disponível em: <http://www.teses.usp.br/teses/disponiveis/27/27151/tde-03122012-160409/pt-br.php>. Acesso em: 11 dez. 2012.

MORO, E. L. S.; TAROUCO, L. M. R.; ESTABEL, L. B. A Educação a distância mediada por computador e seus protagonistas interagindo no ambiente virtual. In: NEVES, I. C. B.; MORO, E. L. S.; ESTABEL, L. B. *Mediadores de leitura na bibliodiversidade.* Porto Alegre: Evangraf, 2012. p. 13-27.

NOVAK, L. D. *Bibliotecas universitárias e o serviço de referência virtual:* parceria a favor do usuário. 2010. 68 f. Trabalho de Conclusão de Curso (Graduação em Biblioteconomia) – Faculdade de Biblioteconomia e Comunicação, Universidade Federal do Rio Grande do Sul, Porto Alegre, 2010. Disponível em: <http://www.lume.ufrgs.br/bitstream/handle/10183/27799/000766938.pdf?sequence=1>. Acesso em: 20 nov. 2012.

SARDINHA, J. *As # hashtags e a linguagem no Twitter.* [S.l.]: Dicas Blogger, 2009. Disponível em: <http://www.dicasblogger.com.br/2009/09/as-hashtags-e-linguagem-twitter.html>. Acesso em: 3 dez. 2012.

Clarice Monteiro Escott

capítulo 9

O ambiente de aprendizagem na biblioteca

Interação e comunicação

Neste capítulo serão discutidas questões relativas ao campo da aprendizagem, partindo da análise das teorias do desenvolvimento e sua importância para a construção das boas práticas profissionais na área da Biblioteconomia. O entendimento dessas teorias e sua consequente utilização qualificam o ambiente da biblioteca como espaço de aprendizagens, de interações e de comunicação.

Objetivos deste capítulo

- Reconhecer a importância das teorias do desenvolvimento para a atuação do profissional em Biblioteconomia.
- Identificar as relações entre as teorias do desenvolvimento e a literatura.
- Diferenciar as fases do desenvolvimento humano propostas por Piaget.
- Definir o conceito de aprendizagem e sua importância para as interações e a comunicação no ambiente da biblioteca.

» PARA REFLETIR

Quais são as teorias que contribuem para a formação do profissional em Biblioteconomia, com o objetivo final de qualificar os processos de interação e de aprendizagens? Por que as teorias do desenvolvimento são tão importantes para a atuação profissional em Biblioteconomia?

» A Psicologia e a Educação: relações e contribuições

» **DEFINIÇÃO**
Psicologia é a ciência do comportamento humano (e não humano), da cognição, da emoção e da motivação. É subdividida em diversas especializações, algumas voltadas ao próprio conhecimento da Psicologia como ciência e outras à aplicação desta ciência (Psicologia aplicada).

Para discutir as questões da aprendizagem e do desenvolvimento, faz-se necessário conhecer alguns conceitos da área da Psicologia da Educação. Para Coll (1999), a principal finalidade da Psicologia da Educação é utilizar os conhecimentos, os princípios e os métodos da Psicologia para a análise e o estudo dos fenômenos educativos. Assim, a Psicologia da Educação auxilia na compreensão das relações que decorrem dos atos educativos, das questões do ensinar e do aprender.

» Desenvolvimento e história pessoal de aprendizagens

A Psicologia do Desenvolvimento estuda o desenvolvimento humano em todos os seus aspectos: físico-motor, intelectual, afetivo-emocional e social – desde o nascimento até a idade adulta. Todo o desenvolvimento humano está contextualizado nas relações e vivências com a família, os amigos, a escola, a cultura e a sociedade.

As aprendizagens, ao longo da nossa vida, ocorrem por meio das diversas interações com as pessoas e com o mundo que nos cerca. Para Paín (1995, p. 16), "[...] o conhecimento sempre implica um sujeito capaz de conhecer". No entanto, a aprendizagem depende da disponibilidade e qualidade da interação com o meio. Assim, a aprendizagem está contextualizada, sempre, no ato de ensinar.

» **ASSISTA AO FILME**
Para entender melhor sobre como as pessoas interpretam e se relacionam com o mundo, assista ao filme *Ensinando a Viver* (2007).

Então, qual é o papel do profissional em Biblioteconomia nesse processo? O profissional tem grande responsabilidade na aprendizagem e no desenvolvimento das pessoas com as quais intervém, uma vez que possibilita a interação com a informação e com o conhecimento.

Mas se cada um aprende em função das suas experiências com o meio familiar, escolar e cultural, quer dizer que cada um aprende de um jeito e interpreta o mundo de uma forma diferente? Sim! Por isso as relações entre as pessoas são tão difíceis!

>> PARA REFLETIR

Procure relembrar as principais situações da sua infância. Você se lembra de pessoas, cheiros, sabores? Quais são as sensações e os sentimentos mobilizados por essas lembranças? Qual é a repercussão dessas vivências em suas preferências e repúdios atuais? Reflita sobre a importância dessas situações no seu próprio desenvolvimento.

Cada um tem diferentes percepções e sentimentos em relação ao mundo, aos conceitos, às representações sobre as pessoas, os objetos e os sentimentos.

A seguir, vamos ver como os autores que estudaram o desenvolvimento humano explicam esse processo e quais são as relações desse campo do conhecimento com a atuação profissional em Biblioteconomia.

>> A teoria de Piaget e o desenvolvimento humano

Ao abordar as questões do desenvolvimento mental da criança, Piaget (1998, p. 22) busca explicar como se dão as transformações cognitivas na criança desde o seu nascimento. O autor explica que, para aprender, utilizamos os **esquemas** ou as **estruturas mentais**, pelas quais os indivíduos intelectualmente se adaptam e organizam o meio.

>> NO SITE
Para conhecer um pouco mais da vida e da obra de Jean Piaget, acesse o ambiente virtual de aprendizagem.

Quando nascemos, esses esquemas são de natureza reflexa e, ao longo do desenvolvimento, esses esquemas são construídos. O choro é um bom exemplo do conceito de esquema reflexo. Ao nascer, a criança já tem a possibilidade de chorar. No entanto, ela chora por algum desconforto, sem saber nomeá-lo. Com o passar do tempo, esse esquema passa por um processo de construção de significados e, ao chorar, a criança sabe, por exemplo, que pode fazer a mãe ceder a um apelo dela.

Assim, o período de vida do nascimento até o ingresso na escola, que corresponde aproximadamente aos seis, sete anos, é caracterizado por um desenvolvimento vertiginoso na criança, havendo a construção de inúmeros conceitos e um importante crescimento na vida afetiva. Aventurando-se na maravilhosa descoberta do eu e do mundo, a criança avança dos primeiros movimentos reflexos, dos movimentos circulares para, aos poucos, evoluir do plano prático, por meio de uma diferenciação progressiva, até um nível representativo das operações mentais, ultrapassando o nível das ações.

Esquema reflexo

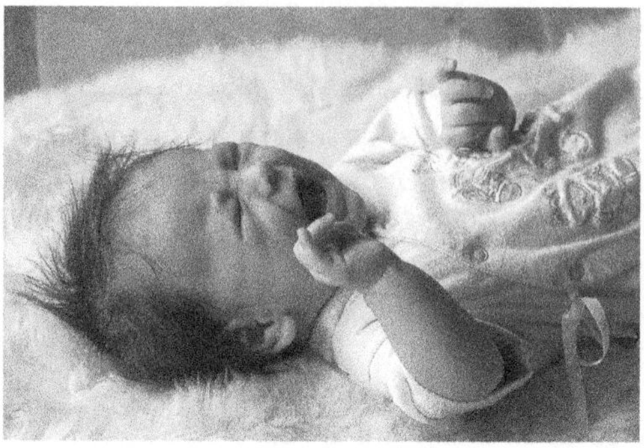

Esquema construído

Figura 9.1
O choro em dois períodos do desenvolvimento.
Fonte: Boyd e Bee (2011) e Papalia, Olds e Feldman (2009).

>> **DEFINIÇÃO**
Cognição é o processo de aquisição de conhecimento. A cognição envolve fatores diversos, como o pensamento, os esquemas operatórios, a linguagem, a percepção, entre outros, que fazem parte do desenvolvimento intelectual.

Para Piaget (1998, p. 8), "[...] o desenvolvimento da criança é um processo temporal por excelência.". Segundo o autor, a criança tem muitas coisas a aprender e, diferentemente dos animais, as mudanças nas estruturas biológicas e psicológicas ocorridas durante todo o desenvolvimento humano requerem muito tempo (PIAGET, 1998 apud ESCOTT, 2004).

Mas como são construídos os esquemas ou estruturas cognitivas? Para Piaget (1998), existem processos cognitivos que são denominados acomodação, assimilação e equilibração, que contribuem para que as crianças construam progressivamente a representação da realidade, do mundo que a cerca. Piaget (1998) chama esse processo de construção do real ao eu.

Os processos cognitivos são definidos assim:

- **Acomodação**: é a criação de novos esquemas ou a modificação de velhos esquemas; resultam em mudança de estrutura cognitiva ou no desenvolvimento;
- **Assimilação**: processo cognitivo pelo qual a pessoa integra um novo dado perceptual, motor ou conceitual nos esquemas já existentes;
- **Equilibração**: é o balanço entre assimilação e acomodação.

>> PARA REFLETIR

Você tem filhos, irmãos, sobrinhos, vizinhos? Interage com crianças no seu ambiente de trabalho? Procure recordar as mudanças que ocorreram no desenvolvimento dessas crianças nos primeiros dois anos de vida. Como se deu a passagem dos esquemas reflexos para os esquemas construídos? Qual foi a influência do meio, da família ou das pessoas que interagiam com o bebê para essa construção?

Outro conceito importante da teoria de Piaget para a atuação do técnico em Biblioteconomia refere-se aos **fatores do desenvolvimento**. Para Piaget, o desenvolvimento depende de quatro fatores que estão interligados, sendo indissociáveis e complementares:

- **Hereditariedade**: corresponde à maturação interna.
- **Experiência física ou ação sobre os objetos**: a experiência do sujeito é fundamental, porém seria em vão sem a lógica.
- **Transmissão social**: tem um papel determinante, mas insuficiente por si só.
- **Equilibração**: indica o equilíbrio entre os três fatores anteriores; é fundamental porque sempre há uma nova descoberta, uma nova noção.

» Mudanças no desenvolvimento humano e relações com a atuação do profissional em Biblioteconomia

Como vimos anteriormente, existem vários conceitos definidos por Piaget que explicam o desenvolvimento humano e, portanto, têm relação com a prática do profissional em Biblioteconomia.

Escott (2004) faz uma análise sobre a teoria de Piaget e refere que esse autor define o processo de evolução da inteligência humana como uma busca em compreender e explicar as coisas e se dá a partir de períodos característicos e sucessivos com estruturas originais. As construções sucessivas de cada estágio permanecem nos estágios seguintes como subestruturas, sobre as quais se edificam novas aquisições.

www.

» NO SITE
Para entender melhor os conceitos que compõem a teoria de Piaget, bem como as fases do desenvolvimento segundo o autor, assista ao vídeo "Piaget – fases do desenvolvimento", disponível no ambiente virtual de aprendizagem.

Estágio sensório-motor

Se for analisado o desenvolvimento que se dá na criança **do nascimento até a aquisição da linguagem**, por volta dos 24 meses serão identificadas mudanças surpreendentes. O período denominado por Piaget de estágio sensório-motor é decisivo para todo o desenvolvimento da vida psíquica do sujeito. Nesse período, a criança, pela percepção e pelos movimentos, pela assimilação sensório-motora, passa a conquistar o mundo que a rodeia.

O período denominado sensório-motor **ainda é dividido em três subestágios**: dos reflexos; da organização de percepções e hábitos; e da inteligência senso-motora propriamente dita. Assim, ao nascer, a vida mental da criança é caracterizada por exercícios reflexos ou coordenações sensoriais e motoras de fundo hereditário, como a alimentação e sucção, entendidos por Piaget não como uma manifestação mecânica, mas sim como a existência de uma assimilação senso-motora precoce.

Aos poucos, os movimentos da sucção vão se ampliando, dando lugar a discriminações ou reconhecimentos práticos e a uma espécie de generalização da atividade, e o bebê já passa a coordenar os movimentos dos braços com a sucção. Nessa fase, a **assimilação do real ao eu inicia-se pelo sugar**. O bebê não tem a noção de seu próprio corpo. A exploração do espaço e dos objetos se dará pela boca, pelo sugar. Piaget (1973, p. 19), referendando Freud, diz que "[...] a boca é o centro do mundo.".

Rapidamente, o bebê passará a olhar, a ouvir e a utilizar de movimentos próprios que lhe permitirão a manipulação de objetos. Dessa forma, o prenúncio da assimilação mental, constituído pelos exercícios reflexos, vão tornando-se cada vez mais complexos, integrando e organizando hábitos e percepções, por meio da ação do sujeito sobre o mundo, sendo um importante ponto de partida para a aquisição de novas condutas.

» DEFINIÇÃO
Reações circulares são movimentos de repetição realizados pelo bebê. Todos os movimentos do bebê são assimilados aos esquemas anteriores, construindo totalidades cada vez mais amplas.

Outras aquisições importantes desse período são, por exemplo, os gestos de virar a cabeça para seguir algum objeto ou ruído, o reconhecimento de algumas pessoas, o sorriso, a capacidade de preensão e posteriormente de manipulação dos objetos. A chamada **reação circular**, característica essencial deste período, desempenha um papel fundamental no desenvolvimento sensório-motor, pois todos os movimentos do bebê são logo assimilados aos esquemas anteriores, construindo totalidades sempre mais amplas e organizadas por diferenciações progressivas.

É nessa fase que a criança desenvolve a noção de objeto permanente, entendendo que um objeto existe mesmo longe do seu alcance sem que possamos percebê-lo. Com o advento do objeto permanente, por volta dos oito meses, a criança avança do seu egocentrismo inicial para a elaboração do universo exterior. Aos poucos, a criança vai estabelecendo relações entre os objetos e construindo uma totalidade, inclusive do seu próprio corpo.

Assim, é aproximadamente ao final do seu primeiro ano de vida que a criança terá a possibilidade de diferenciar-se do objeto, percebendo-o como independente de seu corpo e movimento, compreendendo os deslocamentos desse objeto no espaço.

» IMPORTANTE
Crianças de zero a dois anos precisam interagir com livros que proporcionem experiências táteis, auditivas e visuais.

Em relação ao desenvolvimento afetivo, é nessa fase que a criança começa a perceber os sentimentos elementares ligados a sua própria ação, como os primeiros medos, os sentimentos de satisfação e insatisfação, agradável e desagradável, o prazer, a dor, o sucesso e o fracasso, entendidos ainda dentro de um egocentrismo. Aos poucos, com a noção do objeto permanente e a evolução da inteligência, a criança avança no desenvolvimento da afetividade, por meio da objetivação dos sentimentos (que se diferenciam e multiplicam), projetando-os a outras atividades e situações, e não apenas ao *eu*.

Esta fase de transição e transformação da inteligência na criança caracteriza-se, portanto, pela evolução da inteligência sensório-motora essencialmente prática do período anterior para uma forma mais elaborada de pensamento onde a linguagem, a representação mental e a socialização ocupam papel central e determinante. Assim, a criança passa a ser capaz de recordar e reconstituir situações passadas, evocando objetos ou condutas na sua ausência, podendo inclusive, antecipar futuras ações ou simplesmente utilizar-se da linguagem como forma de comunicação de ações não realizadas (ESCOTT, 2004).

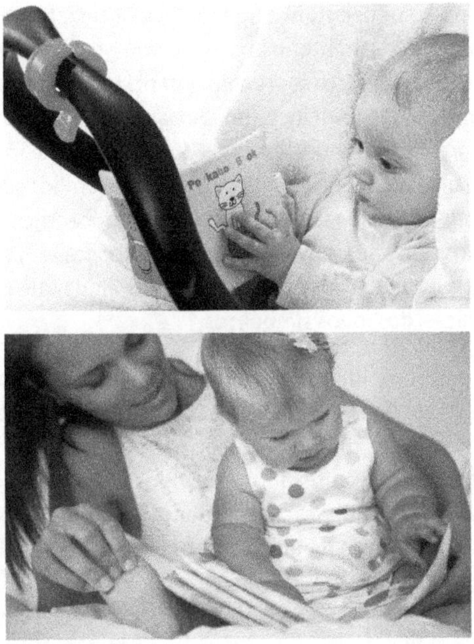

Figura 9.2
A literatura e o bebê: estágio sensório-motor.
Fonte: © istockphoto.com/svetikd e © istockphoto.com/nyul.

O livro para crianças dessa faixa etária deve ter diferentes texturas (pano ou plástico para ser levado ao banho), fazer barulhos diversos e ter muitas cores para chamar a atenção dos bebês. Observe que se Piaget fala que é nesse estágio que as crianças constroem a noção de objeto permanente e que as coisas passam a fazer sentido para ela, é de fundamental importância que ela experiencie situações prazerosas no contato com os livros.

Estágio pré-operatório

Posteriormente, no período denominado por Piaget como pré-operatório, **entre dois e sete anos** aproximadamente, a criança passa a viver novas experiências, como a socialização da ação, a aparição do pensamento propriamente dito com base na linguagem interior e no sistema de signos e, ainda, a interiorização da ação, que passa do plano perceptivo e motor para o plano intuitivo e das experiências mentais. Nesse espaço, a linguagem e seu desenvolvimento têm lugar de destaque e contribuem significativamente para as mudanças ocorridas com a criança, a nível tanto cognitivo quanto afetivo.

O pensamento pode ser, então, como a inteligência interiorizada, que se apoia não mais diretamente sobre a ação mas, sobretudo, na evocação simbólica por meio da linguagem e de imagens mentais.

>> IMPORTANTE
Crianças de dois a sete anos se interessam por fantoches, dedoches, fantasias e contação de histórias.

>> NO SITE
Assista aos vídeos sobre contação de história "Macaquinho sai daí", de Bia Bedran, e "Chapeuzinho Amarelo" de Carol Levy, no ambiente virtual de aprendizagem.

Neste período, onde o **pensamento egocêntrico** é característico, o jogo simbólico ou o jogo de imaginação e imitação aparece como organizador da ação da criança. O jogo simbólico, que aparece na primeira infância, entre as duas formas de jogos citadas anteriormente, diz respeito a um pensamento individual, quase sem a presença do coletivo, e corresponde aos jogos de imaginação e imitação. Isso deve ser entendido como uma atividade real do pensamento, embora, ainda, na fase do desenvolvimento pré-operacional, seja considerado egocêntrico. A criança, principalmente dos três aos sete anos, quando a função simbólica tem um desenvolvimento significativo, passa a tomar consciência do mundo, ainda que deformado, por meio de atividades lúdicas, dos jogos simbólicos.

Os jogos de imaginação e imitação buscam, sobretudo, transformar o real em função dos desejos do *eu*. Ao realizar tais jogos, a criança refaz suas experiências cotidianas, corrigindo-as à sua maneira e, assim, permitindo-se reviver todos os conflitos e prazeres vivenciados, buscando resolvê-los ou compensá-los. Pode-se dizer que o jogo simbólico e de imitação faz a criança criar uma ficção, por meio da qual ela complementa a realidade a partir das suas próprias necessidades, deformando a realidade ao *eu* e não submetendo-se a essa realidade. Logo, "[...] o jogo simbólico não é um esforço de assimilação do sujeito ao real, mas, ao contrário, uma assimilação deformada da realidade ao eu. [...]" (Piaget, 1998, p. 29).

Nessa fase onde o jogo simbólico ocupa lugar fundamental no desenvolvimento do pensamento, a literatura e a intervenção do técnico em Biblioteconomia, especialmente por meio da contação das histórias, tornam-se valiosas. A interação, a fantasia e o faz de conta são os ingredientes perfeitos para essa fase do desenvolvimento, contribuindo para a construção do pensamento simbólico.

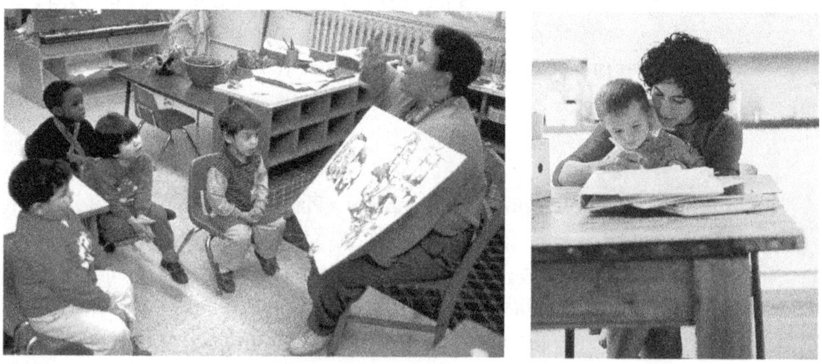

Figura 9.3
A literatura e a criança: estágio pré-operatório.
Fonte: Belsky (2010) e Papalia, Olds e Feldman (2009).

Estágio operatório-concreto

Segundo Escott (2004), seguindo o processo de desenvolvimento das crianças, a fase denominada por Piaget de operatório-concreta, que corresponde à faixa etária entre os **sete e 12 anos**, marca a entrada da criança no ensino fundamental e é caracterizada por mudanças significativas, tanto do ponto de vista da inteligência, quanto da vida afetiva e da socialização, por meio da descentralização progressiva.

A criança, avançando do comportamento egocêntrico do período precedente, é capaz de colaborar em um grupo de iguais e, por outro lado, concentrar-se individualmente, quando necessário. O sincretismo da linguagem egocêntrica dá lugar à necessidade de justificação lógica das ideias, possibilitando a dissociação dos pensamentos próprios com os dos outros, podendo coordená-los. A criança passa a pensar antes de agir, o que implica o processo extremamente complexo da **reflexão**. O jogo de regras tem lugar de destaque junto com as brincadeiras coletivas, contribuindo não só para o desenvolvimento da socialização, como também para o desenvolvimento da autonomia moral e intelectual.

>> **IMPORTANTE**
Crianças entre sete e 12 anos precisam de histórias em que os personagens enfrentem desafios.

O pensamento operatório concreto, abandonando a pré-lógica de causalidade e representação do mundo moldadas na atividade própria, passa a dar lugar a novas formas de explicação do real. A lógica de pensamento nesse período é basicamente direcionada aos objetos manipuláveis.

São inúmeros os exemplares de livros que atendem muito bem aos interesses das crianças nessa fase, em que é desenvolvida a habilidade de aplicação do pensamento lógico a problemas concretos. A interação com a história e entre adultos e colegas ainda tem grande apelo nessa fase.

Figura 9.4
A literatura e a criança: estágio operatório-concreto.
Fonte: Bee e Boyd (2011) e Boyd e Bee (2011).

Estágio do pensamento formal

É por volta dos 12 anos, de acordo com as fases do desenvolvimento propostas por Piaget, que inicia-se o estágio do pensamento formal, onde a criança avança do raciocínio sobre os objetos manipuláveis, tornando-se capaz de uma **lógica e de raciocínios dedutivos** sobre hipóteses e proposições.

Essa fase corresponde ao **início da adolescência**, em que a sexualidade assume um papel preponderante no desenvolvimento do indivíduo, constituindo um elemento desestruturante em muitos momentos. Piaget (1998, p. 57) chama essa desestruturação própria da adolescência de "desequilíbrio provisório", afirmando que a passagem de um estágio para outro sempre provoca algumas oscilações temporárias. O autor refere que as conquistas próprias da adolescência asseguram, tanto ao pensamento quanto à afetividade, um equilíbrio superior ao existente na segunda infância.

Nesse período, o sujeito avança para a possibilidade de reflexão livre e destacada do real, passando do pensamento concreto para o formal, que tem como característica principal a capacidade hipotético-dedutiva. De acordo com Ajuriaguerra (1976, p. 28):

> [...] defrontando-se com problemas a resolver, o adolescente manipula os dados experimentais, para formular as hipóteses. Isto é, ele apercebe-se do possível e não somente, como antes da realidade que ele constata no presente. [...] Ele as confronta graças à utilização de um sistema de operações inteiramente reversível, deduzindo verdades cada vez mais gerais.

A fase da adolescência caracteriza-se pela crença na onipotência da reflexão, correspondendo a um egocentrismo intelectual que pode ser comparado ao lactente, onde o mundo deve submeter-se aos sistemas, e não o contrário.

Na maioria das vezes, diferentemente da fase anterior e apesar da sua tendência a associar-se a grupos de amigos, a leitura costuma ser individual. Isso não quer dizer que o adolescente não comente com seus colegas o conteúdo dos livros.

» IMPORTANTE
Adolescentes costumam procurar gêneros literários que respondam aos seus anseios e suas dúvidas sobre si mesmos e sobre o mundo.

» NO SITE
Para entender mais sobre a literatura e o adolescente, leia a coluna Sinapse da *Folha Online*, assinada por André Forastieri, disponível no ambiente virtual de aprendizagem.

Figura 9.5
A literatura e o adolescente: estágio do pensamento formal.
Fonte: ©iStockphoto.com/MickyWiswedel e ©iStockphoto.com/stacey_newman.

Considerações finais

Assim, como vimos, o bibliotecário e o técnico em Biblioteconomia são profissionais que trabalham com a informação e o conhecimento, logo, com a aprendizagem das pessoas, sejam elas crianças, adolescentes, adultos ou idosos, em todos os espaços e situações da biblioteca. As interações que ocorrem na biblioteca, no atendimento ou na contação de histórias, por exemplo, implicam espaços de comunicação que representam valiosos momentos de comunicação e de aprendizagens mútuas. Para que isso ocorra, no entanto, é necessário que o profissional em Biblioteconomia desenvolva uma interação qualificada com o usuário de forma a interpretar quais são os conhecimentos já construídos pelo seu interlocutor, quais são suas representações sobre o mundo, sobre o livro, sobre a leitura, sobre os conceitos que envolvem o uso da biblioteca ou abordados pela literatura.

Agora é a sua vez!

1. O que diferencia o esquema reflexo do esquema construído nas crianças?
2. Defina os três processos cognitivos propostos por Piaget.
3. Segundo Piaget, quais são as principais fases do desenvolvimento humano?

REFERÊNCIAS

AJURIAGUERRA, J. *Manual de psiquiatria infantil*. 2. ed. São Paulo: Masson, 1976.

BEE, H.; BOYD, D. *A criança em desenvolvimento*. 12. ed. Porto Alegre: Artmed, 2011.

BELSKY, J. *Desenvolvimento humano*: experienciando o ciclo da vida. Porto Alegre: Artmed, 2010.

BOYD, D.; BEE, H. *A criança em crescimento*. Porto Alegre: Artmed, 2011.

COLL, C. *Psicologia da educação*. Porto Alegre: Artmed, 1999.

ENSINANDO a viver. Direção: Menno Meyjes. Produção: Ed Elbert, David Kirschner e Toby Emmerich. Los Angeles: Playarte Pictures, 2007. 110 min.

ESCOTT, C. M. *Interfaces entre a psicopedagogia clínica e institucional:* um olhar e uma escuta na ação preventiva das dificuldades de aprendizagem. Novo Hamburgo: Feevale, 2004.

PAÍN, S. *Subjetividade e objetividade:* relações entre desejo e conhecimento. São Paulo: CEVEC, 1995.

PAPALIA, D. E.; OLDS, S. W.; FELDMAN, R. D. *O mundo da criança*: da infância à adolescência. 11. ed. São Paulo: McGraw-Hill, 2009.

PIAGET, J. *Problemas de psicologia genética*. São Paulo: Forense, 1973.

PIAGET, J. *Seis estudos de psicologia*. 23. ed. Rio de Janeiro: Forense Universitária, 1998.

LEITURAS RECOMENDADAS

ESTABEL, L. B.; MORO, E. L. da S. Biblioteca: espaço de aprendizagem, ação cultural e mediação de leitura. In: AMARAL, J. C. S. R. do (Org.). *Fundamentos de apoio educacional*. Porto Alegre: Penso, 2014.

MORAES, M. A. C. de. Processos de ensino e de aprendizagem na escola. In: AMARAL, J. C. S. R. do (Org.). *Fundamentos de apoio educacional*. Porto Alegre: Penso, 2014.

Valdir José Morigi
Magali Lippert da Silva
Ismael Maynard Bernini

capítulo 10

Mudanças tecnológicas e práticas

Tensões nas representações dos profissionais da Biblioteconomia

Este capítulo propõe uma reflexão sobre as transformações, no contexto das bibliotecas universitárias, advindas do uso intensivo das Tecnologias de Informação e de Comunicação (TICs) na contemporaneidade. As tensões que envolvem as práticas profissionais e as representações dos bibliotecários sobre elas também são assuntos abordados.

Objetivos deste capítulo

- Identificar o impacto das TICs no contexto das bibliotecas.
- Reconhecer as tensões profissionais geradas com a migração da tecnologia analógica para a digital.

Na contemporaneidade, as TICs fazem parte de nosso cotidiano. As tecnologias acompanharam o desenvolvimento humano e estão cada vez mais incorporadas nas suas ações. Em muitas áreas, elas passaram a mediar as interações sociais. Entretanto, o seu uso também trouxe conflitos e tensões envolvendo as práticas profissionais e as representações.

A compreensão desse contexto organizacional, dominado pelas tecnologias, faz-se necessária na medida em que os impactos sociais influenciam o fazer bibliotecário e o modo como os profissionais estão se preparando para enfrentar e se adaptar à realidade informacional vigente. Assim, por meio de um estudo de caso, destacamos o redimensionamento na profissão, as novas formas de pensamento e a percepção dos bibliotecários acerca da evolução das bibliotecas universitárias nos últimos anos do século XX e início do século XXI. Antes disso, no entanto, veremos alguns conceitos importantes para o entendimento de todas essas relações e suas consequências.

Representações coletivas e sociais

Diferentes perspectivas teóricas e metodológicas consideram o contexto, os processos interativos e as práticas como produtores dos modelos e dos padrões que afetam o pensamento e as visões de mundo que perpassam a construção do conhecimento. Estes, por sua vez, são responsáveis pelo delineamento e enraizamento de determinadas atitudes e comportamentos sociais. Os contextos, entendidos como esferas públicas, afetam também as práticas sociais.

Partilhamos da perspectiva de Jovchelovitch, que considera as características das **esferas públicas tradicionais e destradicionalizadas** permeadas por um tipo específico de interação social ou sociabilidade. A partir daí, conseguimos compreender as diferenças entre representações coletivas e sociais. "As representações coletivas são criadas no contexto de esferas públicas tradicionais, onde a comunidade exerce forte coerção sobre seus membros individuais e o poder do vínculo social pode definir, em grande parte, como os atores sociais desenvolvem conhecimento sobre o mundo." (JOVCHELOVITCH, 2008, p. 195-196).

O **conhecimento social** como uma modalidade de representação é determinado pela forma como é construído. Assim, é possível fazer a diferenciação entre duas modalidades de representação: a coletiva e a social.

O conceito de **representações sociais** foi cunhado e apropriado de modo distinto pelos diferentes campos das Ciências Sociais Aplicadas: a Sociologia, a História, a

Antropologia e a Psicologia Social. Ele teve sua origem na Sociologia, a partir dos conceitos de **consciência individual** e **consciência coletiva**, propostos por Durkheim (1973). Todos os indivíduos possuem sua consciência individual, sua conduta, seu comportamento, mas estes são determinados pela consciência coletiva. Esta não é o resultado das consciências individuais e singulares, embora nelas se manifestem. Assim, a consciência coletiva é a forma moral vigente de como o pensamento comum se expressa na sociedade.

> **» DEFINIÇÃO**
> Segundo Durkheim (1973, p. 75), a consciência coletiva é o "[...] conjunto das crenças e dos sentimentos comuns à média dos membros de uma mesma sociedade".

O autor estudou as sociedades relativamente homogêneas nas quais prevaleciam as relações pré-capitalistas, ditas primitivas ou arcaicas. Em geral, os indivíduos conservaram-se autônomos e independentes diante da divisão do trabalho social. A consciência coletiva desempenha um papel de coerção sobre os indivíduos. Durkheim denominou este tipo de sociedade de **solidariedade mecânica** (DURKHEIM, 2010).

Entretanto, com a acelerada divisão social do trabalho, aumentou o grau de interdependência entre os indivíduos. Isso fez a coesão social, em lugar das tradições ou da rede de relações sociais estreitas entre os indivíduos, deixa de ser ancorada nas crenças e valores sociais, nos costumes compartilhados, passando a se edificar em torno de códigos e regras de conduta que se expressam nos direitos e deveres manifestos das normas jurídicas.

> **» DICA**
> Nas sociedades homogêneas predominavam as interações face a face entre os indivíduos que se identificavam por meio das tradições, dos costumes, da religião e da família.

Nesse tipo de sociedade capitalista, dita moderna ou complexa, predominam as interações indiretas e formais, e não há o compartilhamento das mesmas crenças e valores; os interesses individuais são bastante diferenciados e a consciência de cada indivíduo é mais definida, enquanto a consciência coletiva se afrouxa. Durkheim denominou este tipo de sociedade de **solidariedade orgânica** (DURKHEIM, 2010).

A partir dessa conceituação, as representações coletivas, segundo Durkheim (1973, p. 79), são "[...] a maneira como o grupo pensa nas suas relações com os objetos que o afetam. Para compreender como a sociedade se representa a si própria e ao mundo que a rodeia [...]". Ela se manifesta pelo conjunto de regras sociais estabelecidas no qual se constroem os sentidos que balizam os atos individuais.

Retomando a abordagem de Jovchelovitch (2008), os atributos que envolvem a solidariedade mecânica correspondem às características das esferas públicas tradicionais, enquanto as da solidariedade orgânica obedecem às características das esferas públicas destradicionalizadas. Para compreendermos melhor as distinções entre elas, e como o conceito de representações coletivas derivou para o conceito de representações sociais, enfocaremos a perspectiva cunhada por Moscovici (2003).

No decorrer da década de 1960, Moscovici (1961), imbuído destes conceitos, os desenvolve a partir da Psicologia Social, chegando às representações sociais. No entanto, a iniciativa não obteve êxito imediato no meio acadêmico da época. Foi a partir de meados da década de 1980 que o conceito passou a ser mais utilizado.

Oliveira (2004, p. 181) oferece uma síntese desta obra:

> Moscovici apresenta um estudo onde tenta compreender de que forma a psicanálise, ao sair dos grupos fechados e especializados, adquire uma nova significação pelos grupos populares. O que motivou Moscovici a desenvolver o estudo das representações sociais dentro de uma metodologia científica foi sua crítica aos pressupostos positivistas e funcionalistas das demais teorias que não explicavam a realidade em outras dimensões, como é o caso da dimensão histórico-crítica.

Partindo dessa perspectiva, as representações coletivas e sociais podem ser interpretadas pelas diferentes modalidades de saberes a que estão vinculadas, isto é, elas se expressam nos mitos, nas crenças e nas ideologias. Assim, conforme Jovchelovitch (2003), elas são formas de conhecimento calcadas na teoria das representações coletivas durkheiniana, acontecendo nas relações face a face e na sociabilidade.

Em contrapartida, a autora ainda elucida que o senso comum e a ciência se apoiam sobre modos sociais de representação, ou seja, baseado nos princípios Moscovicianos da representação social, que envolvem o avanço tecnológico, as mudanças sociais e a mediação (homem – máquina) das interações. Dessa coexistência surge um contexto híbrido, no qual as modalidades se entrelaçam, mas também criam tensões.

Moscovici cunhou o conceito das representações sociais, fundamentado na Psicologia Social, baseado nos processos de ancoragem e de objetivação, que funcionam como um mecanismo simbiótico. **Ancoragem** se caracteriza por ser um processo mental/social sob o qual classificamos/denominamos coisas ou fatos, e a **objetivação** é um processo explicado por Moscovici (2003, p. 72) no seguinte exemplo: "Temos apenas de comparar Deus com um pai e o que era invisível, instantaneamente se torna visível em nossas mentes, como uma pessoa a quem nós podemos responder como tal.".

Com o objetivo de tornar os conceitos ainda mais claros, Sperber (1985 apud ALEXANDRE, 2004, p. 123-124, grifo nosso) apresenta uma distinção alternativa entre as representações durkheinianas e moscovicianas:

- **Representações coletivas**: duradouras, tradicionais, amplamente distribuídas, ligadas à cultura, transmitidas lentamente por gerações, comparadas à endemia;
- **Representações sociais**: típicas de culturas modernas, espalham-se rapidamente por toda a população, possuem curto período de vida, semelhantes aos modismos, comparadas à epidemia.

Jovchelovitch (2008), a partir dessa diferenciação, apresenta uma síntese, afirmando que as modalidades de representações coletivas e sociais (conhecimento) se expressam por meio das **esferas públicas**. Destas duas modalidades, se constitui a ideia do "entre", responsável pela formação de um tecido híbrido. Assim, o contexto auxilia no processo de construção de novos saberes, a partir dos quais se formam os múltiplos saberes que circulam na vida social.

As representações coletivas propostas por Durkheim eram calcadas, portanto, nas crenças, nos mitos e nas redes de sociabilidades. Por sua vez, as redes eram baseadas na comunicação face a face que partiu da análise das sociedades homogêneas, mais ou menos estáveis, nas quais ocorriam mudanças, pouco numerosas e estáticas, características das esferas públicas tradicionais.

Já na visão moscoviciana, o conceito de representações sociais privilegia a heterogeneidade e a dinâmica das sociedades, bem como dos processos de mudança. Assim, a ênfase recai nas esferas públicas destradicionalizadas.

Pela Figura 10.1 é possível perceber a manifestação de diferentes características das esferas públicas, tradicional e destradicionalizada, as quais são responsáveis pela constituição dos contextos em que se produzem diferentes modalidades de conhecimento ou saberes (as representações coletivas e sociais).

> Representações sociais são criadas no contexto de esferas públicas [...], onde comunidades são confrontadas com a diversidade de mundos da vida, práticas que desafiam constantemente as estruturas de realidade tomadas-como-dadas e fazem do novo uma característica comum do cotidiano. [...] A representação, neste contexto, se torna uma forma simbólica mais aberta e instável [...]. (JOVCHELOVITCH, 2008, p. 199).

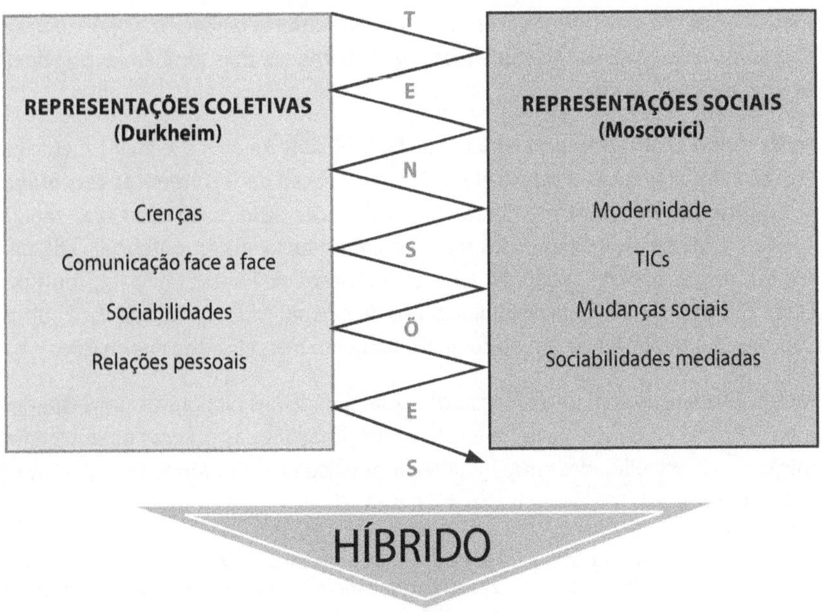

Figura 10.1
Infográfico relacional dos conceitos de Durkheim e Moscovici.
Fonte: Os autores.

Desses contextos (esfera pública tradicional e destradicionalizada) derivam os **elementos híbridos**. Tomamos o ambiente das bibliotecas universitárias como um contexto interativo que expressa o caráter híbrido das diferentes representações que se configuraram no tempo e no espaço.

» O ambiente das bibliotecas e as representações

Caracterizamos o ambiente das bibliotecas da atualidade como espaços híbridos compostos de elementos constituidores de esferas tradicionais e destradicionalizadas, nas quais a produção do conhecimento, ligada às práticas do passado, se articulam e se complementam com o presente. Entretanto, as novas práticas introduzidas a partir das inovações tecnológicas trazem conflitos e tensões.

> **» DICA**
> As TICs também são operadas da casa dos indivíduos, então, tornar a biblioteca atrativa é mais uma preocupação. Uma unidade de informação não apresenta resultados financeiros diretos, logo, é por meio de seu uso que se prova sua importância.

Considerando as práticas biblioteconômicas ao longo de sua história, especialmente os serviços prestados pelas bibliotecas, ocorreu uma transformação profunda advinda da inovação tecnológica. Com as mudanças, foram necessárias **novas competências** e modalidades de saberes para ancorar as práticas profissionais.

A estrutura das bibliotecas também passou a exigir **novos espaços físicos**. No redimensionamento do espaço, a acessibilidade e o conforto passaram a ser essenciais não só para os profissionais que atuam nas bibliotecas, mas também e, principalmente, para os usuários.

Neste contexto de redimensionamento do fazer biblioteconômico, principalmente na atuação em bibliotecas universitárias, há a apropriação de **ferramentas tecnológicas digitais** que realizam a comunicação e a interação de forma mais efetiva e rápida com os usuários. A utilização dos recursos computacionais foi potencializada por *e-mails*, *blogs*, redes de relacionamento, como Facebook, Twitter, MySpace, YouTube, Digg, Flicker, LinkedIn, e da disponibilização de *e-books*, vídeos, *audiobooks* e outros suportes digitais que auxiliam no compartilhamento mais eficaz da informação.

Morigi e Pavan, ao analisar as formas de sociabilidade nas bibliotecas universitárias a partir do uso das TICs, perceberam as transformações nas práticas biblioteconômicas e nas sociabilidades entre bibliotecários e usuários. Conforme Morigi e Pavan (2004, p. 125):

> À medida que os bibliotecários passam a empregar as tecnologias de informação e comunicação, de forma ampliada, tais ferramentas passam a se constituir elementos de sua prática profissional. A amplitude do seu uso passa a interferir na relação com os usuários da informação, bem como nas formas de interpretar suas práticas, levando o profissional a construir novos modos de subjetivação de sua profissão e suas práticas. Assim, poderíamos pensar a relação entre tecnologia e sociabilidade, percebida a partir da prática profissional, como responsável pela construção da identidade social dos bibliotecários [...]. Assim, por meio das narrativas, percebeu-se que há coexistência entre as formas "tradicionais" de sociabilidade e as formas "modernas", denominadas sociabilidades virtuais.

Entretanto, as mudanças e os ajustes às inovações tecnológicas e aos processos ligados às práticas destradicionalizadas, introduzidas nestes ambientes, trouxeram conflitos e tensões, alterando de modo significativo as práticas tradicionais dos profissionais nas bibliotecas. Elas afetaram também as representações dos bibliotecários sobre as suas práticas, como observamos nas narrativas dos sujeitos entrevistados no estudo de caso detalhado a seguir.

Mudanças tecnológicas e tensões nas representações: um estudo de caso

Uma biblioteca deve ter como base a guarda da informação, bem como seu respectivo tratamento e organização, possibilitando o acesso e a divulgação daquilo que está sob sua custódia. Isso vale para qualquer instituição, em especial as universitárias. Os serviços prestados por esse tipo de biblioteca, por meio de sua infraestrutura, devem sempre estar voltados aos usuários, sejam eles docentes, estudantes ou pesquisadores, com o objetivo de dar suporte à formação acadêmica e de pesquisa.

A inovação e a implantação das Tecnologias de Informação e de Comunicação (TICs) nas bibliotecas fizeram essas instituições repensarem suas ações e reorganizarem seu espaço físico. Para compreender como ocorreram essas transformações, foi realizado um estudo de caso no primeiro semestre de 2012 na Biblioteca Setorial da Faculdade de Biblioteconomia e Comunicação da Universidade Federal do Rio Grande do Sul (FABICO/UFRGS)[1] com profissionais que atuaram/atuam no período de 1980 a 2000. O trabalho também buscou analisar as representações geradas pelos bibliotecários e ex-bibliotecários sobre essas mudanças.

Assim, as principais indagações que movem a reflexão desse estudo de caso são:

- Identificar as tensões que os usos das TICs trouxeram ao contexto das bibliotecas universitárias;
- Verificar as representações dos bibliotecários sobre as suas práticas a partir da implantação das TICs;

[1] A Biblioteca integra o Sistema de Bibliotecas da UFRGS (SBUFRGS), formado por 31 bibliotecas setoriais distribuídas em 4 *campi*, e conta com uma média de 131 bibliotecários. A implantação das TICs no SBUFRGS teve início em meados dos anos 1990, com a automação de algumas bibliotecas.

- Compreender se essas tecnologias modificaram os processos interativos entre esses profissionais e os usuários da biblioteca.

O material empírico coletado por meio das entrevistas semiestruturadas (gravadas e autorizadas) com os bibliotecários se constituíram na matéria-prima deste estudo, que foi interpretado seguindo o modelo da análise de conteúdo proposto por Bardin (1977).

A seleção dos profissionais entrevistados obedeceu aos seguintes critérios:

- terem estado e/ou estar lotado na Biblioteca da FABICO;
- ocupar o cargo de bibliotecário no período de 1980 a 2000.

Foram identificados seis bibliotecários nestas condições.[2] Com a finalidade de manter preservada a privacidade dos entrevistados, utilizaremos nomes fictícios, resguardando suas identidades.

Por meio do estudo de caso, constatou-se que foram extintos diversos itens de mobiliário e equipamentos (fichário Cardex, catálogo de fichas, fichário topográfico, porta-jornais, máquinas de escrever, leitores de microfichas, Minigraf,[3] etc.), tendo sido acrescentados recursos humanos e materiais. As TICs mudaram a realidade das bibliotecas, pois os recursos informacionais passaram a ser acessados de forma mais veloz.

Essas mudanças provocaram uma **reestruturação física e funcional** no ambiente de trabalho, afetando também as representações dos bibliotecários sobre o seu próprio fazer, as relações interpessoais e os processos interativos entre os bibliotecários e os usuários da biblioteca. Esses elementos são expressos nas narrativas que seguem:

> [...] Digamos que foi um salto muito alto, porque quando eu ingressei a tecnologia que existia era... a mais avançada era uma máquina de datilografia elétrica [...]. Qualquer coisa que fosse se fazer na Biblioteca era com a máquina de datilografia manual depois com o passar do tempo houve uma pequena evolução que daí teve máquinas [...] com corretivo ou então depois se passou pra uma tal de Minigraf que era uma versão mais moderna do... Mimeógrafo [...]. (Salete, 57 anos).

> Em nossa relação [entre os bibliotecários] não mudou nada... mas eu não fazia nada no computador, né!... eu só preenchia os formulários [impressos] [...] eu tinha medo do computador... eu nunca dei muito para máquinas, até hoje. Até celular eu tenho uma certa restrição... Eu que não era dada a informática que me assustei! É... quanto a informática eu padeci! [...]. (Odete, 67 anos).

> [...] Olha eu vou te dizer francamente, pra mim em especial, não foi muito fácil 'entrar' na tecnologia da informação assim... de cara porque eu era de uma geração anterior [...] eu estou com 70 anos, já era formada há muito tempo... então a gente tem um certo medo, resistência... a qualquer coisa nova, né?! Mas a gente foi se aperfeiçoando, fazendo curso, se enfronhando [...]. (Ivone, 71 anos).

---

[2] O perfil dos selecionados caracteriza-se por pertencerem em sua totalidade ao gênero feminino e situarem-se na faixa etária entre 49 e 71 anos. Quanto à titulação acadêmica, o grupo distribuiu-se da seguinte forma: quatro especialistas, uma graduada e uma doutora. Três exercem ou exerceram o cargo de chefia da Biblioteca.

[3] Máquina utilizada para a duplicação de fichas.

> [...] teve que se criar um espaço para esta tecnologia, e mudou obviamente do processamento técnico porque nós trabalhávamos nas mesas um de frente para o outro [nos anos 90] e com a vinda do computador teve essa adequação, pois não se tinha recurso para fazer um novo *layout* da Biblioteca como deveria e mudar fiação ou coisas assim [...] foi se adaptando e a gente mudou e não ficou trabalhando mais tão junto. (Salete, 57 anos).

Além das transformações provocadas pelos processos de inovação tecnológica, a **diferença entre as gerações de profissionais** também afetou as representações dos profissionais sobre as práticas. No que diz respeito às gerações mais "antigas", a inserção e aceitação das tecnologias digitais no ambiente de trabalho teve como característica a resistência e a cautela, pois o "novo" traz "desconfiança" e "medo".

As bibliotecárias formadas antes da década de 1990, em especial, tiveram sua formação em um contexto tradicional em que predominava o uso de tecnologias de sistema analógico. Nesse período, as atividades e os serviços oferecidos pelas bibliotecas e seus profissionais acompanhavam as tarefas convencionais e tradicionais ligadas às práticas profissionais que remetem ao "paradigma custodial, historicista, patrimonialista e tecnicista."[4]

Quanto aos profissionais que realizaram sua formação em um contexto de maior desenvolvimento tecnológico, no qual o sistema digital passa a fazer parte das atividades realizadas pelas unidades de informação, a percepção acerca da inserção das tecnologias é diferenciada. Vejamos as narrativas que seguem:

> Na questão do trabalho foi uma mudança... para mim que faço indexação... uma mudança incomparável porque eu não tinha como me basear em nada, quem fazia Catalogação ia pro Código [de Catalogação Anglo-Americano] e o Código dizia [...] agora quem fazia Indexação, tinha a tabela pra dar o número de chamada, mas a gente tinha alguns dicionários geográficos que ficavam desatualizados obviamente, e alguns dicionários biográficos [...] e hoje tu pode acessar a internet e ter "n" possibilidades de pesquisa... mudando todo o fluxo de trabalho [...]. (Salete, 57 anos).

---

4 Conforme o Dicionário Eletrônico de Terminologia em Ciência da Informação: "Este paradigma identifica-se com a Modernidade, pois nasce nela, sob a égide do desenvolvimento e da consagração da História, das instituições memorialísticas e custodiadoras geradas pelo Estado-Nação e incorporadas mais tarde (depois da Segunda Guerra Mundial) no Estado Cultural, tais como os ARQUIVOS, as BIBLIOTECAS e os MUSEUS, e do pendor técnico/tecnicista ou procedimental, apurado ao longo do séc. XX, dos profissionais criados por esse tipo de instituições ou serviços. Caracteriza-se por vários traços [...] que é possível resumir deste modo: primado da História como fonte legitimadora e matriz modeladora (formadora); necessidade custodial extrema tanto para alimentar o discurso historiográfico e ideológico de preservação/exaltação da identidade cultural/nacional, como para sustentar o mercado dos bens materiais antigos e raros e dos objectos de Arte (antiquários, alfarrabistas, galeristas); e operacionalização do acesso (controlado) e das condições de custódia através de um corpo de normas e de procedimentos (dimensão técnica), muitos empíricos (baseados no senso comum), vários anacrónicos (em face às sucessivas alterações tecnológicas e outras) e alguns científicos (procedentes, sobretudo, na área do restauro e conservação por intermédio da Química, da Física, da Biologia, etc.)". (DICIONÁRIO ELETRÔNICO DE TERMINOLOGIA EM CIÊNCIA DA INFORMAÇÃO, 2007).

> O fluxo de trabalho mudou e está mudando todos os dias! [...] A tecnologia ajudou muito, porque o processamento técnico é muito mais rápido, o livro que tu catalogou já esta lá na base e já está pronto [...], não tem mais aquela coisa de... ai estamos "batendo" a ficha ainda, vai ficar pronto semana que vem, e isso é uma coisa boa para o usuário [...]. (Helena, 49 anos).

Observamos que as representações sobre as tecnologias e as práticas profissionais são distintas quando comparadas entre as diferentes gerações de bibliotecários e as respectivas características de formação acadêmica. Assim, diferentes contextos de formação e atuação profissional são responsáveis pela construção de identidades profissionais diferenciadas.

A apropriação e o uso das TICs em determinados contextos desenraizam as atividades tradicionais e transformam a sociabilidade entre os profissionais e os usuários das bibliotecas, gerando conflitos e tensões nas representações dos bibliotecários sobre as suas práticas profissionais.

As TICs foram responsáveis pela destradicionalização das formas como se constituíam as práticas da profissão do bibliotecário, ligadas ao passado. É evidente que novos conhecimentos e competências passam a ser fundamentais. No entanto, o produto informacional não teve alterações significativas, como afirma Helena [M.M.L]: "[...] tivemos o apoio grande da tecnologia, mas o nosso trabalho é o mesmo, continuamos descrevendo alguma coisa [...] detalhada de tal forma que a pessoa que está vendo aquela descrição consiga 'ver' o item [...]". Na sua concepção, o que mudou foi o modo como o trabalho passou a ser desenvolvido, por meio do uso de ferramentas em suportes digitais.

O tempo despendido para a realização das atividades foi reduzido, e os limites físicos/geográficos de abrangência dos serviços deixaram de existir. Portanto, ocorreu uma significativa alteração, tanto no trabalho quanto na concepção de trabalho percebida pelos profissionais.

A partir das narrativas decorrentes do estudo de caso, percebemos que as práticas do trabalho do bibliotecário eram registradas manualmente. A inovação tecnológica trouxe uma mudança gradativa dos formatos tradicionais para o formato digital, o que facilitou e ampliou o trabalho do profissional de Biblioteconomia.

Consequências da transição do analógico para o digital

Tomando o ambiente das bibliotecas universitárias, observamos que as suas atividades e os serviços oferecidos acompanharam as tarefas convencionais e tradicionais ligadas às práticas da profissão, muito próximas ao **paradigma custodial**. No entanto, a apropriação e o uso das TICs desenraizaram determinadas práticas sociais, transformando a sociabilidade entre os profissionais e os usuários das bibliotecas e modificando as representações dos bibliotecários sobre as suas práticas profissionais.

Nos contextos em que as esferas públicas são destradicionalizadas, afrontadas pelas mudanças socioculturais e tecnológicas, ocorre uma maior diversidade de formas de ver o mundo que, por sua vez, desafiam as formas tradicionais e as práticas profissionais tomadas como realidades dadas e estruturadas. É neste contexto que surgem conflitos e também a formação de um tecido híbrido que se desenvolveu a partir das interações e dos conhecimentos gerados das esferas públicas "tradicionais" e "destradicionalizadas".

As representações dos bibliotecários sobre os impactos das TICs em seu ambiente de trabalho enfatizaram a forma de utilização das ferramentas e técnicas operacionais, bem como as mudanças no espaço físico da biblioteca com a introdução das tecnologias digitais.

Assim, as principais tensões nas representações das bibliotecárias sobre as suas práticas se referem à migração do sistema analógico para o sistema digital que se apresenta, cada vez mais, como forma hegemônica no contexto atual. Além disso, observamos que as bibliotecárias formadas a partir do paradigma das tecnologias digitais percebem a apropriação das TICs como uma poderosa e eficiente ferramenta de trabalho.

A era tecnológica trouxe novas competências, entretanto, não aboliu a capacidade crítica e a criatividade que os profissionais precisam ter. A reflexão sobre suas práticas e o comprometimento com a transformação social não se operam apenas com a apropriação e o uso das tecnologias, mas com a leitura e a refletividade do seu cotidiano.

>> CURIOSIDADE

Inicialmente, o uso das tecnologias digitais era tido como responsável pelo "distanciamento" dos usuários das bibliotecas e da interação face a face com os bibliotecários. A mediação das tecnologias mudou as formas de sociabilidade entre bibliotecários e usuários, trazendo outra dinâmica e novas formas de relacionamento dos usuários com a biblioteca e seus gestores.

Agora é a sua vez!

1. Que impacto o advento das TICs trouxe para o contexto das bibliotecas?
2. De que forma as novas tecnologias transformaram o ambiente físico das bibliotecas?
3. De acordo com os autores, qual foi o resultado para as práticas profissionais da migração da tecnologia analógica para a digital?

REFERÊNCIAS

ALEXANDRE, M. Representação social: uma genealogia do conceito. *Comum,* v. 10, n. 23, p. 122-138, 2004. Disponível em: <http://www.sinpro-rio.org.br/imagens/espaco-do-professor/sala-de-aula/marcos-alexandre/Artigo7.pdf >. Acesso em: 13 abr. 2012.

BARDIN, L. *Análise de conteúdo.* Lisboa: Edições 70, 1977.

DICIONÁRIO Eletrônico de Terminologia em Ciência da Informação. Paradigma custodial, historicista, patrimonialista e tecnicista. Vitória: Universidade Federal do Espírito Santo; Porto: Universidade do Porto, 2007. Disponível em: <http://www.ccje.ufes.br/arquivologia/deltci/def.asp?cod=65>. Acesso em: 05 jan. 2013.

DURKHEIM, E. *As normas elementares da vida religiosa.* São Paulo: Abril, 1973.

DURKHEIM, E. *Da divisão do trabalho social.* 4. ed. São Paulo: Martins Fontes, 2010.

JOVCHELOVITCH, S. *Os contextos do saber:* representações, comunidade e cultura. Petrópolis: Vozes, 2008. (Coleção Psicologia Social).

MORIGI, V. J.; PAVAN, C. Tecnologia de Informação e Comunicação: novas Sociabilidades nas Bibliotecas Universitárias. *Ciência da informação,* v. 33, n. 1, p. 117-125, 2004. Disponível em: <http://revista.ibict.br/cienciadainformacao/index.php/ciinf/article/view/72/69>. Acesso em: 08 abr. 2012.

MOSCOVICI, S. *La Psychanalyse, Son Image et Son Public.* Paris: PUF, 1961.

MOSCOVICI, S. *Representações sociais:* investigação em psicologia social. Petrópolis: Vozes, 2003.

OLIVEIRA, M. S. B. S. Representações sociais e sociedades: a contribuição de Serge Moscovici. *Revista Brasileira de Ciências Sociais,* v. 19, n. 55, p. 180-186, 2004. Disponível em: <http://www.scielo.br/pdf/rbcsoc/v19n55/a14v1955.pdf>. Acesso em: 06 jan. 2013.

William Jerônimo Gontijo Silva

capítulo 11

A evolução do tratamento da informação orgânica

Uma reflexão à luz da arquivística moderna

Neste capítulo é apresentado um recorte histórico da evolução do tratamento da informação, desde a evolução do suporte em papel, até as tecnologias mais recentes em benefício da sociedade. Há também uma reflexão sobre a importância do uso coerente e sustentável das ferramentas tecnológicas, a partir da aplicação da arquivística moderna no processo de tratamento da informação organizacional.

Objetivos deste capítulo

- Reconhecer o marco evolutivo do papel e da explosão informacional.
- Identificar a relação entre a gestão documental e as funções arquivísticas no processo de tratamento da informação.
- Situar o uso coerente da tecnologia no tratamento adequado da informação.

Os registros informacionais estão presentes na civilização humana desde o período paleolítico, quando o homem já sentia a necessidade, ou a preocupação, de repassar suas vivências e práticas cotidianas para seus descendentes.

Muitos dos registros encontrados pelo homem tempos depois estavam expressos em pinturas rupestres presentes em cavernas, grutas e em locais abertos onde, provavelmente, o homem constituía moradia ou se reunia com a tribo.

Acredita-se que foi a partir da constituição de grupos, bandos e pequenas sociedades que o homem passou a desenvolver as primeiras formas de comunicação, em um processo que se engrandeceu e se consolidou ao longo dos séculos até os dias atuais.

Com o avanço desse processo, muitas outras formas de comunicação tornaram a interação mais prática, com o uso de suportes mais maleáveis, desde placas de argila até o papel como é conhecido hoje.

>> PARA REFLETIR

Organizar a informação orgânica de instituição pública ou privada de forma empírica, ou seja, sem o uso de técnicas e metodologias adequadas, em vez de trazer agilidade no processo decisório e no resgate da memória institucional só aumenta as chances de perda e aumento de custos com espaços para o armazenamento documental.

>> O surgimento do papel e a explosão informacional

Foi na antiga Suméria, por volta de 3.500 a.C., com o surgimento da escrita cuneiforme, que o homem modelou suportes mais trabalhados, feitos em placas de argila, onde se registravam atividades principais, cotidianas, administrativas, econômicas e políticas.

Em 196 a.C., no nono ano do reinado de Ptolomeu V, no antigo Egito, com a proclamação de um decreto, surgiu a Estela, feita em uma pedra de roseta, que serviu para registrar as atividades realizadas pelo governo e pelas religiões da época.

CURIOSIDADE

Foi também no Egito antigo que surgiu o papiro, derivado de uma planta chamada *Cyperus papyrus*, e que foi utilizado pelos egípcios da época para escrever textos diversos, expressar rituais por meio de pinturas, e registrar contas e demais atividades do império.

No mesmo formato conhecido hoje, o papel foi criado na China, no século II. Sua invenção foi anunciada ao Imperador Ho Ti pelo oficial da corte Cai Lun (Ts´ai Lun) no ano 150. Na época, o papel era produzido a partir do uso de fibras de árvores e trapos de tecidos cozidos e esmagados. A massa resultante da mistura era espalhada sobre uma peneira fabricada em bambu, contendo um pano esticado, submetido ao sol para um processo natural de secagem.

Por mais de 600 anos, o processo de fabricação do papel foi de conhecimento exclusivo dos chineses. Até que, no ano de 751, com a invasão do exército árabe à cidade de Samarcanda, o segredo foi revelado. A prisão dos técnicos que fabricavam o papel resultou na exploração do segredo pelos árabes, que também mantiveram a técnica em sigilo até o século XI, quando foi introduzida na Espanha, espalhando-se pelo Ocidente.

Com a invenção da imprensa por Johannes Gutenberg, em 1440, a produção do papel ampliou-se consideravelmente, formando o ponto inicial na produção em massa. A partir do século XIX, o avanço das tecnologias de comunicação influenciou a produção documental, gerando amontoados de documentos e fortalecendo a cultura do papel como registro de atividades organizacionais.

Como instituição, os arquivos tiveram sua origem, possivelmente, entre os séculos V e IV a.C na antiga civilização grega, como afirma T. R. Schellenberg (2006, p. 25):

> [...] os atenienses guardavam seus documentos de valor no templo da mãe dos deuses, isto é, no Metroon, junto à corte de justiça na praça pública em Atenas. No templo conservavam-se os tratados, leis, minutas da assembleia popular e demais documentos oficiais. Entre outros havia o discurso de Sócrates e Eurípedes e as listas dos vencedores das olimpíadas. Esses documentos foram conservados e transmitidos desde os tempos primitivos, até talvez o século II da era cristã, na forma de rolos de papiro.

Em meados do século XIX, com a Revolução Francesa, houve um período de inúmeras discussões sobre modelos mais adequados para o tratamento da informação, de forma coerente e dentro de metodologias de trabalho que contribuíssem para o registro e acesso à informação organizacional. Três grandes países iniciaram suas discussões sobre a necessidade de criar centros que pudessem armazenar os arquivos públicos, fortalecendo o surgimento de iniciativas que mais tarde fomentariam com mais expressão os primeiros ideais sobre o assunto.

Segundo Schellenberg (2006), quatro motivos levaram a França, a Inglaterra e os Estados Unidos a criarem seus arquivos:

- Por **necessidade prática de incrementar a eficiência governamental,** fortalecendo a tomada de decisão com a busca pela informação de forma mais rápida e precisa. A aplicação também foi resultado do desejo de determinar medidas que racionalizassem espaços físicos, antes ocupados em sua grande maioria pela produção desenfreada de papel. Mas, para que isso fosse realizado com efetividade sem prejudicar a memória histórica da organização ou de um governo, era necessário o desenvolvimento de metodologias que permitissem organizar de maneira eficaz os seus arquivos.
- Por garantia do exercício da cidadania e luta por direitos, uma vez que os arquivos são **fonte de cultura** exemplificada em livros, manuscritos e tesouros de museus tanto para entes públicos como para empresas privadas. Para o âmbito público, eles constituem essencialmente uma fonte histórica de evolução de ações governamentais no suprimento das expectativas de manutenção física e emocional da sociedade, sendo uma obrigação pública o seu tratamento e sua preservação histórica.
- Para o **interesse pessoal**, pois havia a consciência da importância dos arquivos públicos para a determinação das várias relações sociais, econômicas e políticas que o Estado tem com o particular, favorecendo um contexto de proteção aos direitos feudais e privilégios.
- Para a **manutenção e o desenvolvimento da ordem oficial**, pois os arquivos são essenciais às atividades do governo. "São a principal fonte de informação de todas as suas atividades. Constituem os instrumentos administrativos básicos por meio dos quais é executado o trabalho governamental." (SCHELLENBERG, 2006, p. 33).

A gestão de documentos e as funções arquivísticas

Ao longo de muitos anos, o modelo de organização da informação era realizado de modo empírico, pautado em estruturas diversas de pensamento, para atender de forma imediata às necessidades dos usuários e demais produtores da informação. No entanto, quando as pessoas se afastavam das atividades da organização, ou pela demissão ou pelo remanejamento interno, as informações e os métodos adotados desapareciam ou eram levados junto com seus pertences.

A **gestão de documentos** surge como resultado de uma preocupação e de uma necessidade de gerir os documentos em um contexto sistêmico onde o acesso e a preservação da memória institucional são as principais diretrizes de uma organização. Com o resgate da informação de maneira mais rápida e precisa, a tomada de decisões se dá com mais eficiência.

Além de possibilitar o acesso e a preservação, a gestão documental atua na melhoria do processo decisório, no resgate da memória institucional e na produção e avaliação documental. Segundo a Lei 8.159, de 8 de janeiro de 1991, a gestão de documentos é

> [...] o conjunto de procedimentos e operações técnicas referentes à sua produção, tramitação, uso, avaliação e arquivamento em fase corrente e intermediária, visando a sua eliminação ou recolhimento para guarda permanente. (BRASIL, 1991).

A gestão documental compõe o processo de Gestão da Informação (GI), pois grande parte do registro dos atos, das decisões e demais ações organizacionais é realizada no suporte de papel e, por isso, ele deve estar organizado para que contribua não somente com a pesquisa, mas também com a realização das metas e dos objetivos organizacionais. Dentro dessa perspectiva, Couture (1999) apresenta uma estrutura que está aliada ao processo de gestão de documentos, sendo capaz de dar uma percepção mais alargada às atividades de tratamento de acervos documentais, não mais voltadas para o seu ciclo de vida, mas para um contexto interdisciplinar, ou seja, de um ciclo de vida das informações, onde a informação é o foco principal, independentemente do suporte onde ela estará registrada.

» IMPORTANTE
Em seu contexto físico, o documento arquivístico passa a ser entendido em relação a um **ciclo vital dos documentos**, que compreende todo o caminho físico que o documento percorre, desde a sua criação ou produção até a sua destinação final, sendo guardado permanentemente ou então destinado à eliminação.

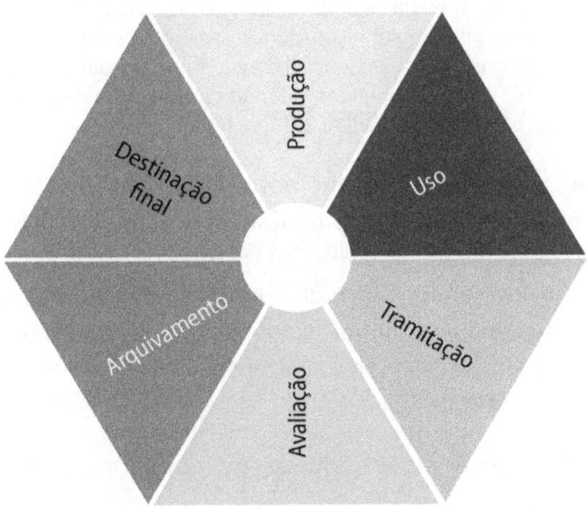

Figura 11.1
Ciclo vital dos documentos.
Fonte: O autor.

Essa proposta, dimensionada por Couture (1999), resultou na criação das sete funções arquivísticas apresentadas a seguir: criação/produção, classificação, avaliação, aquisição, preservação/conservação, descrição e difusão/acesso.

>> IMPORTANTE
As principais atividades inerentes à criação/produção estão relacionadas à elaboração de manuais de produção de documentos, bem como ao controle e acompanhamento do seu uso nas unidades organizacionais, resultando na melhoria do processo de comunicação e padronização.

>> Criação e produção

A função de criação/produção está relacionada com a padronização de formulários e os demais formatos dos documentos de uma instituição, a partir de normas e diretrizes que contribuem para a uniformização dos processos de trabalho e dos documentos gerados nos transcursos das atividades.

Segundo Santos, Innarelli e Sousa (2009), a função relacionada à criação e à produção diz respeito aos aspectos formais e essenciais para a criação coerente dos documentos de arquivo, considerando a definição de normas, conteúdo, modelos, formato e trâmite.

Heredia Herrera (1993, p. 74) retrata que

> [...] entre todas as funções de arquivamento, a criação é provavelmente a que mais mudou ao longo dos últimos vinte anos. Esta transformação é explicada pelo desenvolvimento da tecnologia da informação, pelo surgimento de novas exigências legais e de mercado a que estão sujeitas as organizações modernas.

Ávila (2011) traz uma discussão muito interessante no que se refere ao contexto das Tecnologias da Informação como ferramentas que intensificaram a produção e o aumento considerável de informações arquivísticas, despertando a necessidade de discutir opções que garantam a relação com o contexto do produtor.

> A produção desenfreada de documentos traz impactos consideráveis às organizações. As consequências da duplicação das informações arquivísticas vão desde a morosidade para a tomada de determinada decisão à falta de controle e descentralização de registros no âmbito institucional. Isso requer do arquivo intermediário um gasto desnecessário de energia ao observar a incapacidade em tratar de maneira confiável as cópias de documentos, por não saber se os originais foram preservados em outros departamentos. (ÁVILA, 2011, p. 101).

>> DEFINIÇÃO
Segundo Bellotto (2002, p. 13), a diplomática "[...] ocupa-se da estrutura formal dos atos escritos de origem governamental e/ou notarial.", ou seja, é uma disciplina que se preocupa com a estrutura formal da constituição de um documento, cabendo a ela o trabalho laborioso de identificação dos aspectos que caracterizam um documento como autêntico ou não.

Essa preocupação é bastante presente nos estudos arquivísticos, estimulando o repensar das técnicas e práticas de produção de documentos, iniciando na gênese documental, conforme retrata Ávila (2011). Antes da produção documental, ou seja, na **gênese documental**, é quando o arquivista deve concentrar suas forças para orientar o usuário quanto aos aspectos que garantirão a autenticidade e a fidedignidade do documento eletrônico, trazendo, com isso, a revisão dos conceitos utilizados pela diplomática.

Duranti (1996) destaca três aspectos que garantirão a formação da **autenticidade de um documento**:

- Aspectos legais: estão relacionados com o exercício legal de um representante público ou privado no transcurso de suas responsabilidades e competências.

- Diplomática: neste contexto estão as características intrínsecas e extrínsecas resultantes dos aspectos formais de uma determinada organização.
- Contexto histórico: também conhecido como transcurso natural de ordenação dos fatos, é o que resultou na produção ordenada da informação ao longo do seu percurso.

Essas perspectivas e discussões são essenciais para o entendimento da importância da primeira função arquivística da criação/produção de documentos, e é a partir de sua estruturação coerente que as demais funções serão realizadas.

» Classificação

A classificação, em seu aspecto geral, é tão antiga quanto a organização do conhecimento, sendo entendida como a distribuição de indivíduos em grupos distintos, de acordo com suas características semelhantes.

Segundo o Dicionário Brasileiro de Terminologia Arquivística, a classificação é entendida em três aspectos diferentes e complementares:

- Intelectual: aqui a classificação é definida como o "Ato ou efeito de analisar e identificar o conteúdo de documentos, selecionar a categoria de assunto sob a qual sejam recuperados, podendo-se lhes atribuir códigos." (ARQUIVO NACIONAL, 2004, p. 41).
- Físico: neste aspecto, a classificação é entendida como a "Organização dos documentos de um arquivo ou coleção, de acordo com um plano de classificação, código de classificação ou quadro de arranjo." (ARQUIVO NACIONAL, 2004, p. 41).
- Acesso: aqui a classificação é compreendida como o "Ato pelo qual se atribui a documentos, ou às informações, neles contidas, graus de sigilo, conforme legislação específica [...]" (ARQUIVO NACIONAL, 2004, p. 41).

» DEFINIÇÃO

A classificação de documentos também é definida como uma função arquivística que tem como objetivo reunir documentos semelhantes em razão de suas atividades geradoras, com base em instrumentos que auxiliam no processo de organização dos documentos.

Já Santos, Innarelli e Sousa (2009) dividem o processo classificatório em duas partes: **intelectual e física**.

> A parte intelectual se refere à classificação propriamente dita (processo mental de estabelecimento de classes): e à ordenação (a disposição dos documentos nas classes estabelecidas). [...] A parte física é representada pelo arquivamento dos documentos em um local determinado pela classificação e disposto segundo uma ordem definida." (SANTOS; INNARELLI; SOUSA, 2009, p. 85-86).

As duas concepções parecem semelhantes. No entanto, Santos, Innarelli e Sousa (2009) propuseram um estudo e uma reflexão sobre a construção de um novo marco referencial para o entendimento e tratamento da classificação dos documentos arquivísticos, fortalecendo os alicerces da arquivística contemporânea como integrante das Ciências da Informação.

Santos, Innarelli e Sousa (2009) atribuem a classificação como parte fundamental do processo de organização física e lógica dos acervos documentais e que está aliada intrinsecamente à avaliação documental. Ou seja, a partir da perspectiva apresentada, percebe-se que não há unidades de classificação específicas para todo e qualquer tipo de informação produzida e/ou acumulada pela organização, resultando no uso de válvulas de escape e de unidades de classificação para documentos ou informações diversas. No entanto, esse uso é extremamente perigoso e deve ser adotado somente nas exceções.

Por outro lado, um instrumento de classificação não deve ser provisório ou obedecer a um esquema estrutural que possibilite mudanças constantes. Ou seja, ele não deve seguir o uso de organogramas institucionais como modelo de estrutura de classificação, exceto nos casos em que essa estrutura seja funcional.

Outra característica fundamental à classificação é que ela "[...] persegue um fim, um objetivo, uma finalidade" (SANTOS; INNARELLI; SOUSA, 2009), para facilitar a recuperação da informação, bem como resgatar a memória institucional dentro de um entendimento coerente acerca da estrutura e do funcionamento de uma organização, respeitando o contexto histórico em que ela está inserida.

» **IMPORTANTE**
A estrutura do plano de classificação precisa de uma lógica quanto aos critérios relacionados à nomenclatura das unidades de classificação, com base no funcionamento das unidades, na hierarquia ou nos níveis de classificação, permitindo a subordinação do detalhamento de agrupamentos quando necessário.

Outro princípio abordado por Santos, Innarelli e Sousa (2009, p. 115) é que "[...] a classificação em arquivos presume um agente classificador, que é o arquivista.". Ou seja, infere-se que Santos, Innarelli e Sousa (2009) trazem esse enfoque para mostrar que o instrumento de classificação é resultado de uma estrutura desenvolvida por um arquivista, mas que possibilita o fácil entendimento dos usuários.

Outra ideia importante que Santos, Innarelli e Sousa discutem (2009) é a necessidade de um princípio de classificação ou de divisão, estabelecido pela finalidade, pelas características e pelas relações dos objetos. Para os autores, esse princípio da classificação é natural quando é o mais adaptado (aproximado) ao conjunto documental. Essa reflexão é fundamentaal no que se refere à representação do plano em relação ao acervo documental, já que alguns instrumentos são desenvolvidos somente com base em interpretações sobre a estrutura de uma determinada instituição – procedimento arriscado por favorecer a perda de informações e classificações equivocadas.

Santos, Innarelli e Sousa (2009, p. 116) também afirmam que "[...] o fundamento da divisão deve se manter inalterado para todas as divisões realizadas no mesmo nível, ou seja, deve-se utilizar um único princípio de classificação de cada vez.". Assim, deduz-se que, de acordo com os autores, para haver uma divisão de unidade de classificação é importante que esse princípio se mantenha inalterado no mesmo nível a que ele foi atribuído, sem misturar diversos princípios de divisão no mesmo nível.

Infelizmente, a classificação ainda carece de referenciais teóricos quanto à sua aplicabilidade no contexto das organizações modernas para contribuir de fato ao processo de tratamento da informação.

> A classificação aparece como uma preocupação há vários anos. A importância apontada pela literatura da área não teve, no mesmo nível, o estabelecimento de um instrumental teórico-metodológico consolidado. Fala-se e trabalha-se com classificação sem

agregar o desenvolvimento desse conceito proporcionado pela Filosofia e pela Teoria da Classificação. Apresenta-se o caminho sem discutir os meios necessários para percorrê-lo. (SANTOS; INNARELLI; SOUSA, 2009, p. 79).

A classificação, portanto, carece de um referencial teórico que a eleve enquanto parte fundamental do processo de tratamento da informação arquivística, para que ela não seja absorvida pelo praxismo ou por noções meramente intuitivas do fazer arquivístico, transpassando o limite entre a prática e a teoria.

» DEFINIÇÃO
Avaliação é o processo de identificação do valor de cada conjunto documental para a organização produtora e/ou acumuladora e a sociedade, com base na legislação e em técnicas arquivísticas, a partir da definição de prazos de guarda, destinação (guarda permanente e eliminação) e reformatação.

» Avaliação

Avaliação, conforme o entendimento do Arquivo Nacional (2004), significa o "Processo de análise de documentos de arquivo, que estabelece os prazos de guarda e a destinação, de acordo com os valores que lhes são atribuídos [...]" (ARQUIVO NACIONAL, 2004, p. 32).

Santos, Innarelli e Sousa (2009, p. 178) enxergam a avaliação "Feita a partir de critérios preestabelecidos, definição de prazos de guarda e destinação (eliminação ou preservação permanente) da documentação arquivística de uma dada instituição [...]" e, Bernardes (1998, p. 14) complementa, afirmando ser um:

> Trabalho interdisciplinar que consiste em identificar valores para os documentos (imediato e mediato) e analisar seu ciclo de vida, com vistas a estabelecer prazos para sua guarda ou eliminação, contribuindo para a racionalização dos arquivos e eficiência administrativa, bem como para a preservação do patrimônio documental.

» DEFINIÇÃO
Tabela de temporalidade é um instrumento que reúne prazos de guarda para os conjuntos documentais de acordo com o seu valor.

As principais atividades inerentes a essa função estão relacionadas ao uso e à aplicação da tabela de temporalidade, à elaboração de listagens de eliminação, aos demais procedimentos técnicos e legais, bem como à definição de critérios para a reformatação dos acervos documentais (microfilmagem/digitalização) (SANTOS; INNARELLI; SOUSA, 2009).

» Aquisição

A função aquisição está relacionada ao ato físico de receber documentos que já cumpriram seus prazos de guarda e são transferidos ou recolhidos para guarda permanente, e também às atividades de gestão desses acervos, considerando aspectos essenciais de cadastro e recuperação, para fins de consulta e empréstimo.

Santos, Innarelli e Sousa (2009) conceituam a aquisição como a entrada de documentos nos arquivos corrente, intermediário e permanente. As atividades inerentes a essa função estão relacionadas ao arquivamento corrente, à transferência e ao recolhimento do acervo para guarda permanente.

» Preservação e conservação

Há uma grande divergência de alguns autores no que se refere à definição sobre esses dois termos quase correspondentes, mas que possuem objetivos distintos. Com relação à **preservação,** por exemplo, o termo é definido pelo Dicionário Brasileiro de Terminologia Arquivística como "Prevenção da deterioração e danos em documentos, por meio de adequado controle ambiental." (ARQUIVO NACIONAL, 2004, p. 126). Já a **conservação** é entendida como um "Ato ou efeito de promover a preservação e a restauração dos documentos." (ARQUIVO NACIONAL, 2004, p. 45).

Segundo Cassares (2000, p. 12), a preservação documental é entendida como "[...] um conjunto de medidas e estratégias de ordem administrativa, política e operacional que contribuem direta ou indiretamente para a preservação da integridade dos materiais [...]". A conservação, por outro lado, é entendida como "[...] um conjunto de ações estabilizadoras que visam desacelerar o processo de degradação de documentos ou objetos, por meio de controle ambiental e de tratamentos específicos (higienização e acondicionamento)." (CASSARES, 2000, p. 12).

O trabalho de preservação documental, segundo Cassares (2000), é considerado um conjunto de ações estratégicas que estimulam a preservação do suporte documental, enquanto a conservação de documentos é a operacionalização dessas ações, tendo como grande objetivo o aumento do tempo de vida útil do material no qual a informação foi registrada.

» Descrição

A descrição, segundo Santos, Innarelli e Sousa (2009), diz respeito à definição de pontos de acesso para facilitar a **recuperação da informação**. As atividades inerentes a essa função estão relacionadas com o uso de índices e vocabulários controlados.

A Nobrade (Norma brasileira de descrição arquivística), elaborada pelo Conselho Nacional de Arquivos (2006), tem como objetivos:

- estabelecer diretrizes a serem seguidas nas atividades de descrição de acervos documentais, sendo voltadas, na maioria dos casos, para acervos de guarda permanente;
- contribuir para a facilitação do acesso e o intercâmbio de informações em âmbito nacional e internacional.

Sua estrutura é dividida em oito áreas, compreendendo 28 elementos de descrição, conforme segue:

(1) Área de identificação, onde se registra informação essencial para identificar a unidade de descrição.
(2) Área de contextualização, onde se registra informação sobre a proveniência e custódia da unidade de descrição.
(3) Área de conteúdo e estrutura, onde se registra informação sobre o assunto e a organização da unidade de descrição.
(4) Área de condições de acesso e uso, onde se registra informação sobre o acesso à unidade de descrição.
(5) Área de fontes relacionadas, onde se registra informação sobre outras fontes que têm importante relação com a unidade de descrição.
(6) Área de notas, onde se registra informação sobre o estado de conservação e/ou qualquer outra informação sobre a unidade de descrição que não tenha lugar nas áreas anteriores.
(7) Área de controle da descrição, onde se registra informação sobre como, quando e por quem a descrição foi elaborada.
(8) Área de pontos de acesso e descrição de assuntos, onde se registra os termos selecionados para localização e recuperação da unidade de descrição. (CONSELHO NACIONAL DE ARQUIVOS, 2006, p. 18).

» **DEFINIÇÃO**
Segundo o Dicionário Brasileiro de Terminologia Arquivística, instrumento de pesquisa significa um "Meio que permite a identificação, localização ou consulta a documentos ou a informações neles contidas. Expressão normalmente empregada em arquivos permanentes." (ARQUIVO NACIONAL, 2004, p. 96).

O **instrumento de pesquisa** de acervos documentais de caráter arquivístico possibilita ao usuário localizar o seu documento com facilidade e resulta de uma metodologia baseada em conceitos, técnicas e práticas arquivísticas, variando o seu entendimento e aplicação conforme a necessidade do usuário pesquisador.

Há instrumentos de pesquisa capazes de realizar esse trabalho de forma bastante satisfatória, dependendo do objetivo, como os listados a seguir.

Guia

Segundo o Dicionário Brasileiro de Terminologia Arquivística, guia é um "[...] instrumento de pesquisa que oferece informações gerais sobre fundos e coleções existentes em um ou mais arquivos." (ARQUIVO NACIONAL, 2004, p. 92).

André Lopez (2002) afirma que um guia se divide em duas partes:

- Correspondente à sigla G1 (guia 1): descreve os dados gerais de determinada organização ou instituição, bem como as condições para consulta.
- Correspondente à sigla G2 (guia 2): apresenta, de forma sumária, os fundos e as coleções.

Inventário

A visão sobre inventário do Arquivo Nacional, estabelecida no Dicionário Brasileiro de Terminologia Arquivística, é a de um "Instrumento de pesquisa que descreve, sumária ou analiticamente, as unidades de arquivamento de um fundo ou parte dele, cuja apresentação poderá refletir ou não a disposição física dos documentos." (ARQUIVO NACIONAL, 2004, p. 99).

Os inventários, segundo Lopez (2002, p. 29), "[...] são, pela ordem hierárquica dos níveis da classificação, os instrumentos e pesquisas que se seguem ao guia [...]". O objetivo do inventário, segundo Lopez (2002, p. 29), é "[...] descrever as atividades de cada titular, as séries integrantes, o volume dos documentos, as datas-limite e os critérios de classificação e de ordenação [...]".

Catálogos e índices

O Arquivo Nacional (2004, p. 37) define catálogo como um "Instrumento de pesquisa organizado segundo critérios temáticos, cronológicos, onomásticos ou toponímicos, reunindo a descrição individualizada de documentos pertencentes a um ou mais fundos, de forma sumária ou analítica."

O Dicionário Brasileiro de Terminologia Arquivística entende o índice como a "Relação sistemática de nomes de pessoas, lugares, assuntos ou datas contidos em documentos ou em instrumentos de pesquisa, acompanhados das referências para sua localização." (ARQUIVO NACIONAL, 2004, p. 97).

Lopez (2002, p. 32) traça um entendimento bem objetivo do catálogo e dos índices, como "[...] instrumentos voltados para a localização específica de unidades documentais."

» Difusão e acesso

Esta última função diz respeito à propagação das técnicas e práticas que estimulem o correto tratamento da informação pelas unidades organizacionais, favorecendo, com isso, modelos descentralizados de responsabilidade pelos usuários produtores e acumuladores de documentos. Ao mesmo tempo, destina-se ao desenvolvimento de ações que promovam o acesso às informações documentais produzidas e acumuladas pelas unidades.

As atividades inerentes a essa função estão relacionadas à divulgação dos manuais de gestão, ao plano de classificação e tabelas de temporalidade e aos treinamentos para uso e aplicação, bem como à divulgação sobre o uso dos sistemas de informação de gestão e de formulários. (SANTOS; INNARELLI; SOUSA, 2009).

O papel das Tecnologias da Informação na Modernidade

Com o surgimento das Tecnologias da Informação de forma acessível aos usuários domésticos a partir do início do século XXI, aumentou a procura por soluções que contribuíssem com a melhoria dos processos gerenciais e, principalmente, de organização de documentos.

Muito se fala sobre o uso das Tecnologias da Informação como resposta ao caos informacional e ao número estrondoso de dados virtuais gerados ao longo dos dias, seja por pessoas no decurso de suas atividades profissionais e de lazer, seja no contexto organizacional (aqui entendendo as organizações enquanto pessoas jurídicas).

No entanto, a aplicação das mesmas concepções empíricas acerca da organização em um ambiente virtual não resolveu o problema da busca pela informação exata, em tempo hábil. Para tanto, a arquivística, com o intuito de ponderar sobre essas percepções, vem contribuindo muito no desenvolvimento de ações técnicas e metodológicas na construção de sistemas de informação capazes de realizar o gerenciamento eletrônico de informações.

» **DICA**

Há uma infinidade de sistemas de informação desenvolvidos para atender às necessidades das organizações no que diz respeito não só ao registro e controle de dados financeiros, contábeis, de gestão de pessoas, de patrimônio e de informações técnicas, mas também de dados virtuais e documentos arquivísticos.

O **e-ARQ Brasil**, documento elaborado pela Câmara Técnica de Documentos Eletrônicos do Conselho Nacional de Arquivos (Conarq), apresenta um conjunto de requisitos que auxilia na elaboração de sistemas informatizados com base em técnicas e metodologias arquivísticas de documentos, de forma a "[...] assegurar que documentos arquivísticos digitais sejam confiáveis e autênticos e possam ser preservados com essas características [...]" (CONSELHO NACIONAL DE ARQUIVOS, 2011, p. 10).

O sistema de informação que utiliza uma estrutura de entendimento com base em técnicas e metodologias arquivísticas foi classificado no e-ARQ Brasil, pela Câmara Técnica de Documentos Eletrônicos do Conselho Nacional de Arquivos (CONARQ), como um Sistema Informatizado de Gestão Arquivística de Documentos, ou SIGAD.

Segundo o e-ARQ Brasil, um **SIGAD** é definido como "[...] um conjunto de procedimentos e operações técnicas que visam o controle do ciclo de vida dos documentos, desde a produção até a destinação final, seguindo os princípios da gestão arquivística de documentos e apoiado em um sistema informatizado." (CONSELHO NACIONAL DE ARQUIVOS, 2011, p. 9). O autor afirma ainda que parte de um pressuposto orgânico, ou seja, "[...] de que os documentos possuem uma inter-relação que reflete as atividades da instituição que os criou." (CONSELHO NACIONAL DE ARQUIVOS, 2011, p. 11).

De acordo com a perspectiva apresentada pela Câmara Técnica, um SIGAD é responsável também pelas seguintes atividades (CONSELHO NACIONAL DE ARQUIVOS, 2011, p. 11):

- captura de documentos;
- aplicação do plano de classificação;
- controle de versões;
- controle sobre os prazos de guarda e destinação;
- armazenamento seguro; e
- procedimentos que garantam o acesso e a preservação a médio e longo prazo de documentos arquivísticos digitais e não digitais confiáveis e autênticos.

Já um sistema de Gerenciamento Eletrônico de Documentos, ou **GED**, "[...] trata os documentos de maneira compartimentada [...]" (CONSELHO NACIONAL DE ARQUIVOS, 2011, p. 11).

Um GED, por exemplo, limita-se, segundo a Câmara Técnica de Documentos Eletrônicos do CONARQ, ao desenvolvimento das seguintes funcionalidades: "[...] captura (ou entrada), armazenamento, apresentação (ou saída) e gerenciamento [...]" (CONSELHO NACIONAL DE ARQUIVOS, 2011, p. 11).

Com isso, percebe-se a necessidade da implantação de sistemas capazes de integrar conceitos arquivísticos às práticas organizacionais de gestão, facilitando o acesso e a disseminação de informações aos usuários, permitindo mais eficiência e exatidão.

O uso do papel e a burocracia

A modernização dos procedimentos de registro, busca e acesso à informação documental expõe uma realidade distante da ideal: o que se observa é que, com o uso da tecnologia, as condições de produção de documentos, em vez de diminuírem, aumentam. Uma pesquisa realizada pela Associação Brasileira de Celulose e Papel (BRACELPA, 2013), por exemplo, constatou que nos últimos 10 anos, entre 2002 e 2012, houve um aumento de mais de 130% na produção de papel.

Percebe-se, ao mesmo tempo, que ainda há uma forte predominância de uma cultura burocrática que amplia cada vez mais a necessidade do uso de papel como fonte escrita (apesar de o avanço das tecnologias em tese minimizar essa demanda). A instalação de impressoras em ambientes de trabalho, estimulou, de certa forma, a impressão e reprodução de documentos.

Mesmo com o avanço das tecnologias, que permitiram que a informação estivesse mais facilmente acessível aos usuários, o documento deixará de ser valorizado como fiel repositório da informação? Há uma quebra de paradigmas, e o homem está mudando seu enfoque voltado para o registro documental e melhorando a capacidade de disponibilização da informação à sociedade, quebrando um contexto histórico voltado à manutenção do documento enquanto principal suporte para o registro da informação?

Essas e outras questões abrem uma discussão muito séria, não só no contexto arquivístico, com a adoção das técnicas e metodologias arquivísticas na organização documental, mas, principalmente, no uso coerente e consciente das Tecnologias da Informação, reduzindo a produção de papel e lixo virtual com o tratamento consistente da informação, seja ela física ou virtual.

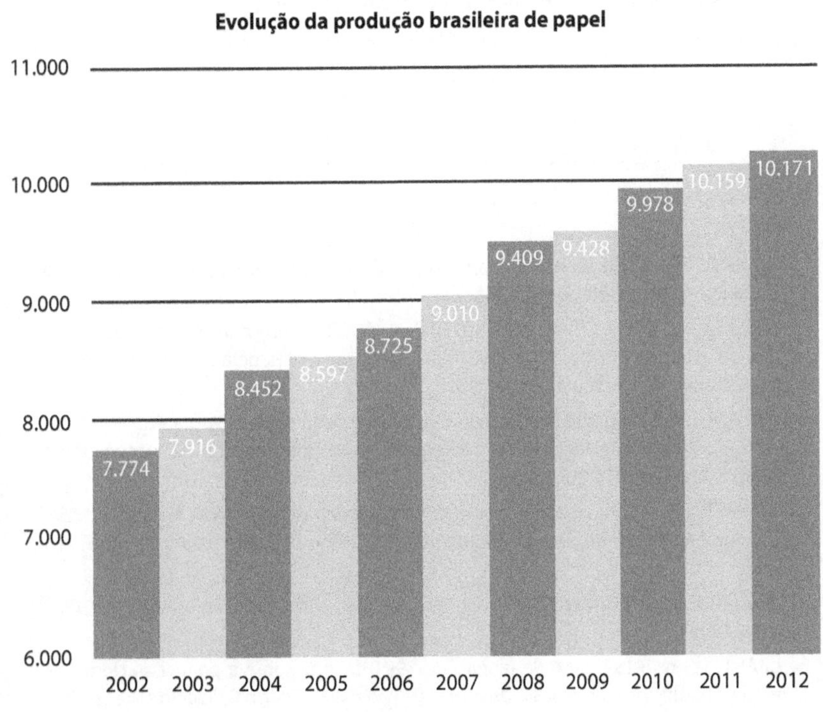

Figura 11.2
Evolução da produção brasileira de papel.
Fonte: Associação Brasileira de Celulose e Papel (2013).

Agora é a sua vez!

1. Descreva como surgiu o papel e com que objetivo.
2. A partir de que século e por que a produção de papel aumentou expressivamente?
3. Onde surgiram os primeiros centros de arquivos públicos e quais foram os motivos que os impulsionaram?
4. Qual é a importância e a função da gestão de documentos?
5. Descreva as sete funções arquivísticas e suas características.
6. Quais são as diferenças e as similaridades entre os sistemas SIGAD e GED?

REFERÊNCIAS

ARQUIVO NACIONAL (Brasil). *Dicionário brasileiro de terminologia arquivística*. Rio de Janeiro: Arquivo Nacional, 2004.

ASSOCIAÇÃO BRASILEIRA DE CELULOSE E PAPEL. *Conjuntura Bracelpa*, n. 53, 2013. Disponível em: <http://www.bracelpa.org.br/bra2/sites/default/files/conjuntura/CB-053b.pdf >. Acesso em: 27 set. 2013.

ÁVILA, R. F. *Além do que se vê:* o uso e o pós-uso da informação orgânica arquivística. 2011. 264 f. Dissertação (Mestrado em Ciência da Informação) – Universidade de Brasília, Brasília, 2011.

BELLOTTO, H. L. *Como fazer análise diplomática e análise tipológica de documento de arquivo*. São Paulo: Arquivo do Estado, Imprensa Oficial, 2002. (Projeto Como Fazer, v. 8).

BERNARDES, I. P. *Como avaliar documentos de arquivo*. São Paulo: Arquivo do Estado, 1998.

BRASIL. Lei nº 8.159, de 8 de janeiro de 1991. Dispõe sobre a política nacional de arquivos públicos e privados e dá outras providências. *Diário Oficial [da] República Federativa do Brasil*, Brasília, 8 jan. 1991. Seção 1, p. 455.

CASSARES, N. C. *Como fazer conservação preventiva em arquivos e bibliotecas*. São Paulo: Arquivo do Estado; Imprensa Oficial, 2000.

CONSELHO NACIONAL DE ARQUIVOS. *e-ARQ Brasil:* modelo de requisitos para sistemas informatizados de gestão arquivística. Rio de Janeiro: CONARQ, 2011.

CONSELHO NACIONAL DE ARQUIVOS. *Norma brasileira de descrição arquivística*. Rio de Janeiro: CONARQ, 2006.

COUTURE, C. *Les functions de l´archivistique contemporaine.* Quebec: Presses de l´Université du Québec, 1999.

DURANTI, L. *Diplomática:* usos nuevos para una antigua ciência. Córdoba: [s.n.], 1996.

HEREDIA HERRERA, A. *Archivística general:* teoría y práctica. Sevilla: Disputacíon de Sevilla, 1993.

LOPEZ, A. P. A. *Como descrever documentos de arquivo:* elaboração de instrumentos de pesquisa. São Paulo: Arquivo do Estado; Imprensa Oficial, 2002.

SANTOS, V. B.; INNARELLI, H. C.; SOUSA, R. T. B. *Arquivística:* temas contemporâneos. 3. ed. Brasília: SENAC, 2009.

SCHELLENBERG, T. R. *Arquivos modernos:* princípios e técnicas. 6. ed. Rio de Janeiro: FGV, 2006.

LEITURAS RECOMENDADAS

ASSOCIAÇÃO BRASILEIRA DE CELULOSE E PAPEL. *História do Papel.* São Paulo: Bracelpa, [2010], Disponível em: <http://www.bracelpa.org.br/bra2/?q=node/170>. Acesso em: 14 maio 2013.

CALDERON, W. R. et al. O processo de gestão documental e da informação arquivística no ambiente universitário. *Ciência da Informação,* v. 33, n. 3, p. 97-104, 2004.

CASTRO, A. M.; CASTRO, A. M.; GASPARIN, D. M. C. *Arquivística técnica; Arquivologia ciência.* Rio de Janeiro: Ao Livro Técnico, 1988.

CONSELHO NACIONAL DE ARQUIVOS. *Gestão arquivística de documentos eletrônicos.* Rio de Janeiro: CONARQ, 2004.

CORTE, A. R. et al. *Avaliação de softwares para bibliotecas e arquivos.* 2. ed. rev. e ampl. São Paulo: Polis, 2002.

JARDIM, J. M.; FONSECA, M. O. *A formação do arquivista no Brasil.* Niterói: EDUFF, 1999.

PAES, M. L. *Arquivo:* teoria e prática. Rio de Janeiro: FGV,1986.

ROUSSEAU, J. Y.; COUTURE, C. *Os fundamentos da disciplina arquivística.* Lisboa: Dom Quixote, 1998.

SILVA, A. M. et al. *Arquivística:* teoria e prática de uma ciência da informação. Lisboa: Dom Quixote, 1998.